Zeit für New York

Die »Stadt, die niemals schläft« entdecken und genießen

Christian Heeb · Karin Hanta

BRUCKMANN

Inhalt

Der Himmel über New York ...
... wird nachts von Hunderttausenden Lichtern erhellt. 6

Über den Dächern von New York
Rooftop Views: Schwindelerregende Skyline! 12

Downtown 18

Das Tor zur Neuen Welt
New York Harbor: Einwanderung anno dazumal 20

Wie ein Phönix aus der Asche
Financial District: Wiedergeburt in Glas und Stahl 26

Welcome to De Niro Land
Tribeca: Manhattans Hollywood 32

Shopping mit Stil
SoHo: Schicke Einkaufsmeile in historischem Ambiente 38

Kitsch und Cappuccino
Chinatown und Little Italy: Schmelztiegel der Kulturen 46

Zurück zu den Wurzeln!
Lower East Side: Das jüdische Erbe 50

La Vie Bohème
East Village: Gammelei als Lebensstil 56

Living Next Door to Carrie
Greenwich und West Village: Sweets and the City 62

Above 14th Street 68

Ein Hauch von Frische
Union Square: Grüne Oase im Wolkenkratzermeer 70

Metzger und Models
Meatpacking District: Blut geleckt auf Mode 76

Eine Galerie für jeden Tag
Chelsea: Kunst, Antiquitäten und Gay Lifet 80

Midtown 86

Shop until you drop
New Yorks Kaufhäuser: Wo der Dollar rollt 88

Einkaufsmeile der Welt
Fifth Avenue: Bücher, Business, Brillanten 94

Am Puls der Zeit
Times Square: Wo der Broadway zum »Broadway« wird 102

Manhattan Transfer
Grand Central Terminal: Bombastischer Bahnhof 110

Ein Wald im Dschungel
Central Park: Manhattans grüne Oase 114

Uptown	**120**
Marathon der Meisterwerke	
Museum Mile: Auf Schatzsuche in Kunsttempeln	122
Spielwiese der Reichen	
Upper East Side: Ladies who lunch, Dog Walkers, Doormen	130
Wo Lennons Geist lebt	
Upper West Side: Heimat linksliberaler Literaten	136
Home Sweet Home	
Harlem: Wieder auf Hochglanz	142
Außenbezirke	**148**
A Brooklyn State of Mind	
Brooklyn Heights: No stress!	150
New Kids on the Block	
Park Slope: Kinder, Küche, Kultur	154
Borschtsch am Boardwalk	
Coney Island: Russisch und Retro	160
Hässlich, aber oho!	
Queens: New Yorks Anna Magnani	164
Amerikas Rheinland	
Hudson Valley: Nur die Lorelei fehlt!	168
St. Tropez am Atlantik	
The Hamptons: Beach Fun de Luxe	174
Zu Gast in New York	**178**
Praktische Reiseinformationen	180
Stadtkalender	182
Keine Angst!	
Die New Yorker U-Bahn: schnell ans Ziel	184
Register	190
Impressum	192

1 I love New York – keine Frage! **2** Midtown ist ein Menschenmagnet. **3** Buntglasfenster in der Eldridge Synagogue. **4** Erinnerungen am Ground Zero. **5** Die Taxi Cabs – Manhattans gelbe Flitzer.

Eine Badewanne mit Aussicht lockt Gäste in der Dachsuite des Cooper Square Hotels. Von hier stechen das Empire State Building und das Chrysler Building direkt durchs Fenster. Wenn in Manhattan abends Millionen von Lichtern glitzern, ist das Planschen in der Wanne besonders anregend. Danach gilt es, sich ins wilde Nachtleben zu stürzen.

Der Himmel über New York ...
... wird nachts von Hunderttausenden Lichtern erhellt

Als Julia Alvarez 1960 spätnachts schlaftrunken über New York schwebte, glaubte sie gestorben zu sein. Millionen von Lichtern blitzten der Zehnjährigen vom Boden entgegen. Glücklicherweise trog der Schein. Das Mädchen mit den dominikanischen Wurzeln befand sich in einem Flugzeug und nicht, wie befürchtet, in der Gesellschaft von Engeln. Das Bombardement mit neuen Eindrücken ging gleich nach der Landung weiter: Rolltreppen, Aufzüge, Wolkenkratzer schienen märchenhaft im Vergleich zu den zweistöckigen Gebäuden, die sie bis dahin gewohnt war. Und die ganze Stadt roch nach Schinkensandwich. Vornehm. So wie der Duft, der ihr immer in die Nase gestiegen war, wenn sie mit ihren Eltern in Santo Domingo bei einer feinen Gesellschaft eingeladen war. Ihre ersten Eindrücke von New York waren so stark, dass sie der späteren Schriftstellerin zum Erfolg verhalfen. Ihre Schilderungen finden sich in dem 1991 erschienenen Erfolgsroman »Wie die García Girls ihren Akzent verloren«.

Wie Julia Alvarez kommen noch immer jedes Jahr Tausende Einwanderer nach New York. Über 20 Prozent der 19 Millionen Einwohner wurden in einem anderen Land geboren. Sie halten die Stadt in Schwung, arbeiten als Tellerwäscher, auf der Wall Street oder in der IT-Branche. Sie geben den verschiedenen »neighborhoods« ihr eigenes Gesicht oder leben bunt gemischt in ein und demselben Wohnhaus.

Innerhalb kürzester Zeit verwandeln sich die Neuankömmlinge jedoch in waschechte New Yorker. Sie sind stolz auf ihre Stadt und legen auch eine gewisse Attitüde an den Tag. Sie grinsen nicht scheinfreundlich wie die Gäste in einer amerikanischen Talkshow, sondern sind Leute, die wach hinterfragen. Und sie scheuen sich nicht, offen ihre Meinung auszusprechen. »Markante Nase« oder »hübscher Hut« schleudern sie Passanten auf der Straße entgegen. Diese Kommentare dienen hin und wieder als Sprungbrett für ein längeres Gespräch, das dann vielleicht in einem der 17 000 Restaurants der Stadt fortgesetzt wird. Nirgendwo anders auf der Welt essen die Menschen so gern auswärts. Wo jedoch, das ist die Frage. Von äthiopischen bis albanischen, von afghanischen bis armenischen Lokalen findet sich hier alles.

Keine Stadt der Welt hängt so sehr an den neuesten Lokalbewertungen ihrer Stadtzeitung, der »New York Times«. Ihr Chefkritiker wird wie ein Gott verehrt. Er oder sie hebt Restaurantbesitzer in den Olymp oder schickt sie in den Hades. Und das mit einem Schuldenberg in Millionenhöhe. Deshalb geht der Kritiker auch immer inkognito zum Abendessen mit Perücke oder aufgeklebtem Bart, mit falscher Kreditkarte, mit einigen Freunden, fünfmal die Woche. Die Zeitung hat extra für diese Tests ein Jahresbudget von mehreren Hunderttausend Dollar eingerichtet.

In New York leben heißt hart arbeiten. Denn wie sonst könnte man sich einen Bagel mit weißen Trüffeln, Goldblättern und Rieslinggelee für 1000 Dollar leisten? Genug Feste zu feiern gibt es. So die Silvesternacht auf dem Times Square, in der das neue Jahr just zu dem Zeitpunkt beginnt, wenn ein gigantischer Kristallball auf einer Stange hoch über den Köpfen einer Million Menschen von oben nach unten wandert. Stars wie Mariah Carey und Beyoncé Knowles singen dann bei klirrender Kälte leicht bekleidet »Happy New Year« auf der Broadway-Bühne. Weiter geht es durchs Jahr mit dem Valentinstag, an dem sich Restaurants in einem besonders romantischen Licht zeigen. Am St. Patrick's Day, am 17. März, ziehen Hunderttausende Nachfahren irischer Einwanderer in einer nicht enden wollenden Parade über die Fifth Avenue und stoppen bei der einen oder anderen Bar, um ein Glas grünes Bier gegen den Durst zu trinken. Ende Mai geht die amerikanische Marine in New York vor Anker. Tausende Matrosen in engen weißen Hosen stolzieren bei der »Fleet Week« durch die Stadt und bringen so manches Mädchen in gefährliches Fahrwasser. Oder so manchen Jungen. Wer im Sommer für Kulturgenuss zahlt, ist selbst schuld. Auf der Central Park Summer Stage grooven die besten Musiker aus aller Welt. Konkurrenz kommt im Prospect Park auf, wo beim »Celebrate-Brooklyn«-Festival jazzige und bluesige Töne durch die Alleen wehen. Und auch am Südzipfel von Manhattan wird gefeiert. Beim »River-to-River«-Festival wiegen sich die Tänzer der Merce Cunningham Company zu ätherischen Klängen so wie die Wogen des East und Hudson River bei leichtem Wind. Dieses Festival startete 2002, als die »Ground-Zero«-Wunde noch weit offen

klaffte. Mithilfe der Kunst erwachte die Gegend wieder zu neuem Leben. Zu Halloween tanzen Menschen in verrückter Verkleidung durch Greenwich Village. Es ist dann nicht leicht zu erkennen, wer Mann und wer Frau ist, but who cares? Ende November zu Thanksgiving gehört die Stadt schließlich dem großen Spielzeugkommerz. Gigantische Snoopy- und Shrek-Ballons ziehen dann vom Columbus Circle zum Kaufhaus Macy's. New York war nicht immer ein Touristenparadies. In den 70er-Jahren stand die Stadt vor dem Bankrott. Gewalttakte waren an der Tagesordnung. Finanzgenie Felix Rohatyn, einem Exilanten aus Wien, ist es zu verdanken, dass New York aus dem Schlamassel wieder herauskam. In den frühen 90er-Jahren brachte die Internet-

1 Die Freiheitsstatue – wahrer kann ein Wahrzeichen nicht sein. **2** Nachts kommt in New York die Romantik auf. **3** Bring in da noise, bring in da funk! **4** Der nackte Cowboy singt am Times Square. **5** Zu Halloween herrscht Karnevalstimmung im Village.

revolution jede Menge Geld in die Stadt. Viertel, in denen bislang Menschen mit niedrigerem Einkommen wohnten, wurden jetzt auch für Wohlhabendere wieder populär. Da die Wohnungspreise in Manhattan ins Astronomische gestiegen waren, galt es als schick, in die historischen Reihenhäuser von Brooklyn zu ziehen.

Reisende, die heutzutage nach New York kommen, können sich fast überallhin frei bewegen. Sie können über die Brooklyn Bridge wandern und im Bezirk mit der größten Bevölkerungszahl den langsameren Rhythmus genießen. Sie können auch die Gondel nach Queens nehmen und dort bedeutende Museen wie das P.S. 1 oder das Museum of the Moving Image besuchen. Auch unterwegs gibt es einiges zu entdecken: das Grab von Pieter Stuyvesant, seines Zeichens letzter holländischer Gouverneur von Neu-Amsterdam, auf dem Friedhof von St. Marks auf der Lower East Side, das silberne Engelstriptychon von Graffitikünstler Keith Haring in St. John the Divine, der größten, bis jetzt unvollendeten Kathedrale auf der Welt, und die Gemeinschaftsgärten in East Harlem.

Zu viel gibt es zu bestaunen: das Wolkenkratzermeer in Midtown, das den von 1946 bis 1950 regierenden Bürgermeister William

1 So soll der neue Freedom Tower am Ground Zero aussehen. **2** Blick vom Empire State Building auf das Chrysler Building, wahrscheinlich der schönste Wolkenkratzer Manhattans. **3** Das Time Warner Center ist der neue Stolz der Stadt.

O'Dwyer so überforderte, dass er sich zu dem Ausspruch verleiten ließ: »Manchmal möchte ich einfach von den höchsten Höhen hinunterspringen.« Einen »Nationalpark der Wolkenkratzer« nannte der Schriftsteller Kurt Vonnegut die Stadt. Tatsächlich gibt es hier 5538 Gebäude, die höher als 200 Meter sind. Nur Hongkong hat noch mehr. Neben den unzähligen Türmen, in denen nach dem Diktat der Moderne die Form der Funktion folgt, weist Frank Gehrys IAC Building in West Chelsea schon in die Zukunft: Seine Wände sind so schräg, als ob der Wind sie jeden Moment wegblasen könnte. Hier wird demonstriert wie mithilfe von Computern extreme Architektur realisiert werden kann.

Eine Stadt der rechten Winkel bleibt New York aber dennoch. Das Straßennetz der Hauptinsel Manhattan wurde 1811 genau definiert: 281 Meter liegen jeweils zwischen den von Norden nach Süden verlaufenden Avenues, 61 Meter zwischen den von Osten nach Westen verlaufenden Straßen. Verirren kann man sich daher hier kaum.

Manhattan ist jedoch auch eine Insel und Brooklyn und Queens sind Teil von Long Island, der elftgrößten Insel der Vereinigten Staaten. Fast 1000 Kilometer Küstenstrich säumen die fünf Bezirke der Stadt New York. Im Sommer haben es die Bewohner nicht weit bis zum kühlen Nass. Außer den exklusiven Hamptons können sie Bahn und Fähre auch die Düneninsel Fire Island erreichen. Diese ist an ihrer breitesten Stelle gerade einmal 400 Meter breit und vollkommen autofrei. Perfekt also zum Spazierengehen und Radfahren.

Wer zum ersten Mal nach New York kommt, wird auch einige Besonderheiten der Stadt bemerken: Die Wassertürme auf den Dächern von Gebäuden, die in den 80er-Jahren des 19. Jahrhunderts errichtet wurden, um so den Druck auf die Leitungen zu regulieren. 3000 Straßenverkäufer mit ihren auf Hochglanz polierten Verkaufswagen kommen in den frühen Morgenstunden mit der U-Bahn nach Manhattan, um Heerscharen von hungrigen Bürobienen und Touristen mit Brezeln, Hotdogs, Shish Kebab und Bratwürsten zu verköstigen. Und dann sind da natürlich die Taxis: Die gelben Flitzer mit ihren schwarzen Karostreifen sind ein beliebtes Transportmittel. Viele New Yorker tragen durch ihren Verzicht auf ein eigenes Gefährt zum Umweltschutz bei. Da sie auch meist in relativ kleinen Wohnungen leben und oft die U-Bahn benutzen, verbrauchen sie nur ein Drittel der Energie wie beispielsweise die Bewohner von Dallas in Texas.

New York ist eine einzige Filmkulisse. Vertraut erscheint der Blick auf die 59th Street Bridge aus Woody Allens Klassiker »Manhattan«. Das Empire State Building kennen Reisende im Detail, da King Kong darauf herumkletterte. Der Times Square in Martin Scorseses »Taxi Driver« bleibt aufgrund seiner Vergammeltheit im Gedächtnis hängen. Reisende werden deshalb staunen, wenn sie sehen, dass er »disneyfiziert« wurde. Wie gesagt, vertraut sind uns die Ansichten schon. Steht man ihnen jedoch zum ersten Mal von Angesicht zu Angesicht gegenüber, bestechen sie durch ihre Größe.

Ist es diese Monumentalität, die besonders viele kreative Geister hervorbringt oder in die Stadt zieht? Schließlich wurden Musikstile wie Disco, Punk und Rap in New York erfunden. Sie wurden

1 Von der Freiheitsstatue blicken Reisende genau auf die Wall Street, das amerikanische Finanzzentrum. **2** Am Ground Zero haben Hinterbliebene Erinnerungen an Menschen hinterlassen, die beim Attentat umkamen.

von oft unbekannten Innovatoren geschaffen, die nicht im Rampenlicht standen, sondern in Stadtteilen wohnten, in denen die Straßen nicht mit Gold gepflastert waren. Ihre Kunst lief dem Establishment zuwider, wurde im Laufe der Zeit jedoch vom Mainstream usurpiert. Denn nicht umsonst ist New York auch die Welthauptstadt der Vermarktung. Die Frage bleibt dennoch offen: Was kommt als Nächstes?

Die Energie der Stadt ist auf Schritt und Tritt fühlbar. Wer hierher eine Reise macht, der kann nicht nur etwas erzählen, sondern der tankt jede Menge Selbstvertrauen, um zu Hause etwas zu verändern. Und sei es nur, sich hin und wieder einen verrückten Filzhut aus einem Secondhandladen aufzusetzen. Niemanden in New York würde es stören. Also packen wir genug Attitüde in den Koffer, um den Gaffern daheim die lange Nase zu zeigen!

Über den Dächern von New York
Rooftop Views: Schwindelerregende Skyline!

Atemberaubende Aussichten bieten die obersten Stockwerke von Wolkenkratzern. Wenn nachts Millionen erleuchtete Fenster glitzern und Autoscheinwerfer scheinbar endlose Lichtbänder durch die Straßen ziehen, erscheint die ganze Stadt wie ein einziger Weihnachtstraum.

Bridge and Tunnel« nennen Manhattaner Snobs all jene Bewohner aus anderen Stadtteilen, die über Brücken und durch Tunnel zur Insel anfahren. Wenn ein Lokal »Bridge-and-Tunnel«-Klientel anzieht, dann heißt das, dass dort hauptsächlich Bewohner aus Brooklyn, der Bronx, Queens und von Staten Island verkehren. »230 Fifth Avenue« ist ein solches Lokal. Entscheidend aber ist, dass man von fast keiner anderen Bar eine bessere Sicht auf das Empire State Building genießt.

Als »Cathedrals of Commerce« – Handelskathedralen – gingen die ersten Wolkenkratzer in die Geschichte ein. Erfunden wurden sie im 19. Jahrhundert in Chicago. Manhattan übernahm diese Art der Bebauung sehr schnell, da es auf der Insel bereits vor 100 Jahren zu Platzmangel gekommen war. Viele Wolkenkratzer aus der ersten Hälfte des 20. Jahrhunderts verjüngen sich dreimal nach oben, da sie laut Stadtverordnung den Lichteinfall auf die Straße nicht behindern dürfen. All jene Wolkenkratzer, die in den 50er- und 60er-Jahren im Schachtelstil der internationalen Moderne gebaut wurden, umgingen diese Vorschrift, indem sie offene Plätze und kleinere Gebäude in ihrem unmittelbaren Umkreis errichten ließen.

Aber zurück zu »230 Fifth« und seinem herrlichen Blick aufs Empire State Building. Mit 102 Stockwerken erreicht es eine Höhe von 381 Metern. Seit dem 11. September 2001 hält es den traurigen Rekord, abermals das höchste Gebäude der Stadt zu sein. Der vierthöchste Wolkenkratzer der Vereinigten Staaten wurde 1931 fertiggestellt und gilt als ein Paradebeispiel für den Art-déco-Stil. Wie silberne Pfeile schießen die Verstrebungen seiner 6500 Fenster in die Höhe. Zu besonderen Anlässen leuchtet seine Fassade in bunten Farben: blau-weiß-blau zum Chanukka-Fest, rot-grün-rot zu Weihnachten und grün zum moslemischen Eid-ul-Fitr-Fest.

Das Chrysler Building an der Ecke Lexington Avenue und 42. Straße ist noch eleganter. Architekt William Van Alen setzte ihm

1 Chrysler Building – Verkörperung von Gotham City. **2** Das General Electric Building ist gotisch angehaucht. **3** Ein »Kodak moment« am Empire State Building. **4** Die Dachbar von 230 Fifth.

1928 eine Art-déco-Krone aus rostfreiem Stahl auf. Wie der Zierrat an den Autos der Goldenen 20er-Jahre hat auch diese Krone kantige Zacken und abgerundete Kuppen. Grimmig dreinblickende Adler schießen wie die Wasserspeier einer gotischen Kathedrale an den Ecken des 61. Stockwerks aus dem Gebäude. Sie wurden im Jahr 1929 in Kleinversion auch als Kühlerfigur auf alle Chrysler-Autos gesetzt.

Rechts neben der Dachterrasse der Bar »230 Fifth« ragt das New York Life Building in die Höhe. Eine goldene Pyramide thront auf der Spitze dieses Wolkenkratzers. Als eines der wenigen Hochhäuser der Stadt nimmt er von der 26. zur 27. Straße auf der Höhe der Madison Avenue einen ganzen Straßenblock ein. Diesen Giganten schuf der berühmte Architekt Cass Gilbert (1859–1934). Er hatte bereits 1913 das neogotische Woolworth Building am unteren Broadway als einen der ersten Wolkenkratzer gebaut. Genauso wie das Woolworth Building spielt das New York Life Building aus dem Jahr 1928 mit neogotischen Details. Um seine goldene Pyramide rankt sich fein ziseliertes Mauerwerk, wie es die Handwerker des Mittelalters nicht schöner hätten gestalten können.

Eine Fahrt auf das Empire State Building darf beim ersten New-York-Besuch nicht fehlen. In nur einer Minute schießt der Aufzug die Aussichtslustigen in das 86. Stockwerk hinauf. Die Aussichtsplattform führt um das gesamte Gebäude. Wer bis ganz hinauf auf die Spitze will, muss noch ein paar Dollar mehr für eine Fahrt in das 102. Stockwerk zahlen. Manche Besucher bekommen bei starkem Wind Angst, denn das Empire State Building scheint zu schwanken. Tut es aber nicht – Shreves, Lambs und Harmons Meisterwerk ist nur elastisch. Bei sehr starkem Wind bewegt sich das Gebäude lediglich um etwa vier Zentimeter.

Der von Raymond Hood gestaltete GE-Wolkenkratzer im Rockefeller Center an der Fifth Avenue hat dem Empire State eines voraus: Er bietet eine tolle Sicht auf das Empire State Building. Die »Top-of-the-Rock«-Aussichtsplattform wurde im Jahr 2005 nach einer Renovierung, die 75 Millionen Dollar kostete, wiedereröffnet. Vom 70. Stock haben Besucher eine ungestörte Aussicht in alle Himmelsrichtungen. Deshalb gilt »Top of the Rock« auch als Geheimtipp: Die Schlangen vor der Kasse sind hier weniger lang als im Empire State Building. Besucher erheischen einen wunderbaren Blick auf Midtown. Schauen sie in Richtung East River, finden sie Ludwig Mies van der Rohes braun getöntes Seagram Building aus dem Jahr 1957, einen einfach wirkenden Quader. Das an der Park Avenue Ecke 52. Straße gelegene Gebäude

1 Blick vom Top of the Rock aufs Empire State Building. **2** Das Crown Building im Abendlicht. **3** Das steilste Dach New Yorks präsentiert das Citigroup Building. **4** Der Kirchturm von St. Patrick's konkurriert mit anderen Bauriesen. **5** Das Woolworth Building ist einer der ersten Wolkenkratzer der Stadt. **6** Golden erscheint das Chrysler Building bei Sonnenuntergang. **7** South Street Seaport zur blauen Stunde.

In der Nähe des Seagram Building, noch näher zum East River, hebt sich das von Hugh Stubbins gestaltete Citigroup Center markant von der Skyline ab. Sein Dach verläuft diagonal in einem 45-Grad-Winkel. Der 1977 erbaute Riese an der 53. Straße steht auf 35 Meter hohen Säulen, die nicht an die Ecken des Gebäudes, sondern in die Mitte der vier Seitenwände gestellt wurden. Dadurch scheint es fast über dem Boden zu schweben.
Vollkommen kantenlos ist ein Nachbar des Citigroup Center, Philip Johnsons 1986 fertiggestelltes Lipstick Building. Wie ein Lippenstift-etui scheinen sich seine drei nach oben verjüngenden ovalen Teile ineinander schieben zu lassen. In seiner Farbgebung ließ sich der Architekt ebenfalls von der Kosmetik inspirieren. Die beiden dezenten Brauntöne würden gut in eine Puderdose passen. Pikantes Detail am Rande: Im 17. Stockwerk des Gebäudes prellte Bernard Madoff, perfekt frisiert und piekfein

gilt als der Prototyp moderner Architektur. An sein Stahlgerüst wurden Glaswände gehängt, die den Großteil des Gebäudes ausmachen. Form folgt hier Funktion: Das Seagram Building sollte ursprünglich Werbung für den Alkoholmulti sein, in dessen Besitz es war. Mies verwendete braun getönte Scheiben für den Bau, sodass der Wolkenkratzer wie ein riesiges Whiskyglas aussieht.

1 Das Austrian Cultural Forum – eines der innovativsten Gebäude in New York. **2** Ausstellungsräume im Austrian Cultural Forum. **3** Einen herrlichen Dachblick gewährt auch das Maritime Hotel. **4** Das Glitzermeer vom Top of the Rock gesehen. **5** Blick auf den Central Park vom Parker Meridien Hotel. **6** Pretty in Pink: Das Designlokal »Robert« am Columbus Circle.

angezogen, Investoren jahrzehntelang um 50 Milliarden Dollar. Philip Johnson (1906–2005) hatte im Jahr 1984 bereits einen Wolkenkratzer für den Telekommunikationsgiganten AT&T an der Madison Avenue Ecke 55th Street konzipiert, der heute im Besitz von Sony steht. Dieser Gigant sticht ebenfalls sofort ins Auge, denn sein dreieckiges Dach hat ein kreisrundes Loch. In seiner postmodernen Phase hatte Johnson Anleihen beim Möbeldesign des 18. Jahrhunderts genommen. Dieses aus negativem Raum bestehende Ornament findet sich auch auf barocken Kästen von Thomas Chippendale (1749–1822).

Am Entwurf des brutalistischen Met Life Building an der Park Avenue war Bauhaus-Architekt Walter Gropius (1883–1869) beteiligt. Kein Ornament ziert die Fassade des 1963 eröffneten Wolkenkratzers. Großraumbüros dominieren das Innenleben. Er war einer der letzten vor Änderung der Gesetzgebung, an den der Eigentümer noch seinen Namen in großen Lettern auf dem

Zeit für Rooftop Views

Sehen und Erleben

Empire State Building, 350 Fifth Ave./34th St., www.esbny.com, tgl. 8–2 Uhr (letzter Aufzug um 1.15 Uhr). Von der Aussichtsterrasse von New Yorks wohl bekanntestem Wahrzeichen genießen Besucher einen herrlichen Blick auf die ganze Insel, sowohl auf den Süden wie auch auf den Norden. Plattformen im 86. und im 102. Stockwerk. Bis zur oberen Plattform kostet es mehr.

Top of the Rock, 30 Rockefeller Plaza, Eingang: 50th St., zwischen 5th und 6th Ave., www.topoftherocknyc.com, tgl. 8–24 Uhr (letzter Aufzug um 23 Uhr). Herrlicher Blick auf Midtown und Central Park und besonders auf das Empire State Building vom 70. Stockwerk des Rockefeller Center.

230 Fifth Rooftop Garden, 230 Fifth Ave./26th St., Tel. 0631-7254929, www.230-fifth.com, tgl. 16–4 Uhr. Eine der besten Bars mit Blick auf Midtowns Gebäuderiesen. Besonders gute Sicht auf das Empire State Building. Riesige Dachterrasse. Cocktails sind bezahlbar.

6

Robert 2 Columbus Circle, Tel.: 0-212-2997730, www.robertnyc.com. New Yorks schickstes Museumsrestaurant im 9. Stock des Museum of Art and Design ist von 11 Uhr morgens bis 2 Uhr nachts geöffnet. Übercooles Ambiente und fantastischer Blick über das Lichtermeer, Preise erschwinglich. Brunch, Nachmittagstee, hausgemachte Pastagerichte, verlockende Cocktails.

Roof Garden Café, im Metropolitan Museum of Art, 1000 Fifth Ave./82nd St., montags geschl. Im Sommer eine Oase der Ruhe. Blick über den Central Park und die historischen Hochhäuser auf Central Park West. Besucher sind nicht verpflichtet, etwas zu konsumieren.

Mé Bar, La Quinta Inn, 17 West 32nd St., zwischen 5th und 6th Ave., Tel. 0212-2902460. Bar mit kleiner Dachterrasse im 14. Stockwerk. Blick auf das Empire State Building.

Mandarin Oriental Bar, im Mandarin Oriental Hotel, 80 Columbus Circle, Tel. 0212-8058000. Toller Blick auf den Central Park vom 35. Stockwerk des Time-Warner-Wolkenkratzers. Preise dementsprechend.

U-Bahn-Stationen

Empire State Building: 34th Street/Herald Square (1, 2, 3, B, D, F, V, N, R, Q, W)
Top of the Rock: 47–50th Street/Rockefeller Center (B, D, F, V)

Dach des Gebäudes anbringen durfte. Imposant sind auch die Hochhäuser, die den Central Park umranken. Vom Roof Garden Café im Metropolitan Museum of Art blicken Gäste auf die Häuserzeile an der südlichen Seite des Parks. An ihrem westlichen Ende, beim Columbus Circle, öffnete 2004 ein neuer Gigant seine Pforten. Das Time Warner Center wurde von David Childs vom renommierten Architekturbüro Skidmore, Owings & Merrill gestaltet. Die beiden Wolkenkratzertürme waren die ersten Monumentalbauten, die nach der Zerstörung der Twin Towers aus dem Boden gestampft wurden. Auf subtile Weise nehmen sie Anleihen an der Stadtlandschaft von Manhattan: Das gitterförmige Muster ihrer Glasfassade imitiert das Straßenraster von New York. Von 69 Stockwerken blickt man hier auf den Central Park. All jene, die an den Türmen vorbeigehen, bleiben mit ihrem Blick zuerst an einem vollständig verglasten, 20 Stockwerke hohen Vorgebäude und einigen Nebengebäuden hängen. Die Time-Warner-Türme ragen aus diesen verschachtelten Strukturen wie Bergriesen aus einem Gebirge heraus. 1,7 Milliarden Dollar flossen in den Bau dieses Komplexes. Der Konstruktionskünstler komponierten hier eine Ode an New York – aus Glas, Stahl und Beton.

20 Downtown

Das Tor zur Neuen Welt
New York Harbor: Einwanderung anno dazumal

Der Hafen von New York: Zwölf Millionen Einwanderer erreichten einst über die Immigrationszentrale auf Ellis Island die Vereinigten Staaten. Wenn sie die Freiheitsstatue zum ersten Mal erblickten, vergaßen sie die harten Umstände der Reise sofort.

Papa, watch me flyyyyyyyyyyyyyyyyyyy,« trällert Barbra Streisand an Bord des Ozeandampfers »Moskwa« im großen Finale des Erfolgsfilms »Yentl«. Das Schiff gleitet über einen ruhigen, weiten Ozean und Hunderte Auswanderer genießen auf Deck die Aussicht. Ihr Ziel ist Amerika, dort, wo sie wie Yentl ihren Traum vom Leben in Freiheit verwirklichen wollen.
In Wahrheit fühlte sich damals die Überfahrt nicht ganz so wie eine Urlaubsreise an. Äußerst beengt waren die Räumlichkeiten auf den untersten Decks. Allein der Gestank und die sanitären Bedingungen brachten so manchen Passagier an den Rand der Verzweiflung.
Solche Kinobilder steigen in Besuchern manchmal auf, wenn sie am Südzipfel von Manhattan auf den New Yorker Hafen blicken. 259 Quadratkilometer Hafen breiten sich vor ihnen aus. Wo der Hudson River und der East River in den Atlantik münden, endet der große Teich. Wer Manhattan in all seiner vertikalen Größe sehen will, tut gut daran, über die Brooklyn Bridge zu spazieren oder Ellis Island und die Freiheitsstatue zu besuchen.
»Lady Liberty« blickt den Einwanderern bereits seit 1886 ernst entgegen. Die Fackel in einer Hand, die Gesetzestafel in der anderen steht sie auf zerbrochenen Eisenketten. Das 225 Tonnen schwere Geschenk der französischen Bevölkerung an die Bürger der Vereinigten Staaten verkörpert seit Generationen den amerikanischen Traum. Dabei war die Dame mit der grünen Patina ursprünglich als Denkmal für die Sklavenbefreiung gedacht. Dem französischen Bildhauer Frédéric-Auguste Bartholdi (1834–1904) gefiel die kleine, vor Manhattan gelegene und damals noch Bedloe Island genannte Insel bei seinem USA-Besuch im Jahr 1876. Inmitten eines sternenförmigen Forts von 1811 errichtete er dort seine 46 Meter hohe Riesin aus getriebenen und genagelten Kupferplatten. Gustave Eiffel zeichnete für das Gerüst verantwortlich, das das Monumentalwerk zusammenhält. Aufgrund dieser Technik wurde die Statue bedeutend leichter, als wenn man sie in einem Stück gegossen

1 Die Freiheitsstatue hieß die Einwanderer bis in die fünfziger Jahre willkommen. **2** Cops auf der Staten Island Ferry. **3** Ein Adler auf dem Denkmal für den II. Weltkrieg im Battery Park. **4** Ankunftshalle auf Ellis Island.

hätte. Die für die Errichtung der Statue erforderliche gewaltige Summe von 250 000 Dollar wurde vom französischen Volk als Zeichen der französisch-amerikanischen Verbundenheit gespendet. Und auf Betreiben des Zeitungszaren Joseph Pulitzer brachte das amerikanische Volk 100 000 Dollar für den 47 Meter hohen Sockel auf. Auch ein deutsches Unternehmen hatte beim Bau der Statue seine Hand im Spiel: Die Firma Dyckerhoff aus Amöneburg lieferte den Spezialzement für den Sockel.

Besucher erreichen die Statue mit einer Fähre der »Statue-Cruises«-Linie. Tickets sollten am besten online bestellt werden, denn täglich wird nur eine bestimmte Anzahl von Leuten bis ganz hinauf zugelassen. Nachdem die Statue nach dem Terrorangriff vom 11. September 2001 zuerst vollkommen und dann teilweise geschlossen war, können Besucher nun über 500 Stufen bis zur Krone klettern. Durch 25 Fenster blicken sie auf die herrliche Skyline von Manhattan.

Von Castle Clinton am Südzipfel von Manhattan geht auch eine Fähre nach Ellis Island. Mit einem Kombiticket kann man sowohl die Immigranteninsel wie auch die Freiheitsstatue besichtigen. Castle Clinton, das Fort im Battery Park, diente ursprünglich als

1 Blick auf Ellis Island vom Meer aus gesehen. **2** Das Fernrohr blickt von Ellis Island auf Lower Manhattan. **3** Vom Ritz Carlton Battery Park Hotel erheischen Gäste den besten Blick auf Feuerwerke. **4** Staten Island hat ein eigenes Mahnmal für die Ereignisse vom 11. September 2001 erbaut. **5** Das Denkmal beeindruckt mit seiner minimalistischen Formgebung.

erste Anlaufstelle für Einwanderer. Als jedoch ab Mitte des 19. Jahrhunderts eine Massenimmigration begann, wurde eine größere Abfertigungszentrale erforderlich. 1892 wurde das erste Gebäude in Betrieb genommen. Nachdem es aber einem Brand zum Opfer fiel, wurde 1902 eine riesige Anlage eröffnet. Zwölf Millionen Einwanderer erreichten hier von 1892 bis 1954 amerikanischen Boden. Das 15-jährige irische Mädchen Annie Moore war die Erste, die an ihrem Geburtstag, dem 1. Januar 1892, von Ellis Island nach Manhattan einreisen durfte. Sie erhielt dafür auch in einer Zeremonie mehrere goldene Dollarstücke. Ins-esamt wurden 98 Prozent aller Einwanderer aufgenommen. Während von 1820 bis 1880 Deutschland mit 3,1 Millionen Menschen die größte Zahl der Einwanderer stellte, waren es gegen Ende des 19. Jahrhunderts hauptsächlich ärmere Leute aus Süd- und Osteuropa.

Eindrucksvoll bringt das in ein Museum umgewandelte Immigrationszentrum die Geschichte der Neuankömmlinge näher. Der Ausstellungsbereich »Treasures from Home« – »Schätze von zu Hause« – vereint 1000 Objekte, die die Glückssucher in ihren Koffern mitschleppten: ein weißes Brautkleid aus dem Katalog, eine Kokosnuss aus Guyana und Fotografien von Familienangehörigen, die die Emigranten oft nie wieder sahen. Während all jene, die sich eine Reise in der ersten Klasse leisten konnten, auf dem Schiff abgefertigt wurden, trabten die hungrigen, schmutzigen und zumeist vollkommen mittellosen Menschen aus den untersten Decks durch die weiß gekachelte Halle und gleich eine Treppe hinauf. Dabei beobachteten Ärzte, wie gut sie Stufen steigen konnten. Alle, die nicht so gut zu Fuß erschienen, erhielten ein Kreidezeichen auf den Rücken. Wurde bei der medizinischen Untersuchung ein Leiden festgestellt, mussten sie sofort wieder in ihr Ursprungsland zurückkehren. Manche versuchten daraufhin, heimlich nach Manhattan zu schwimmen, oder stürzten sich vor Verzweiflung ins Meer.

Beim Betreten des riesigen »Stock Registry Room« mit seinen abgewetzten Schreibtischen ist es geradewegs so, als könnte man die Millionen Schritte der Einwanderer hören. Ein dicht mit Stockbetten gefüllter Schlafsaal zeugt davon, dass die Verhältnisse besonders eng waren, zumal in manchen Jahren anstatt der erwarteten 500 000 Personen eine Million abgefertigt werden mussten. Unter ihnen befand sich der spätere Stummfilmstar Rudolfo Valentino, der 1913 als Achtjähriger aus Italien einreiste sowie die gesamte Trapp-Familie, die im Jahr 1938 den

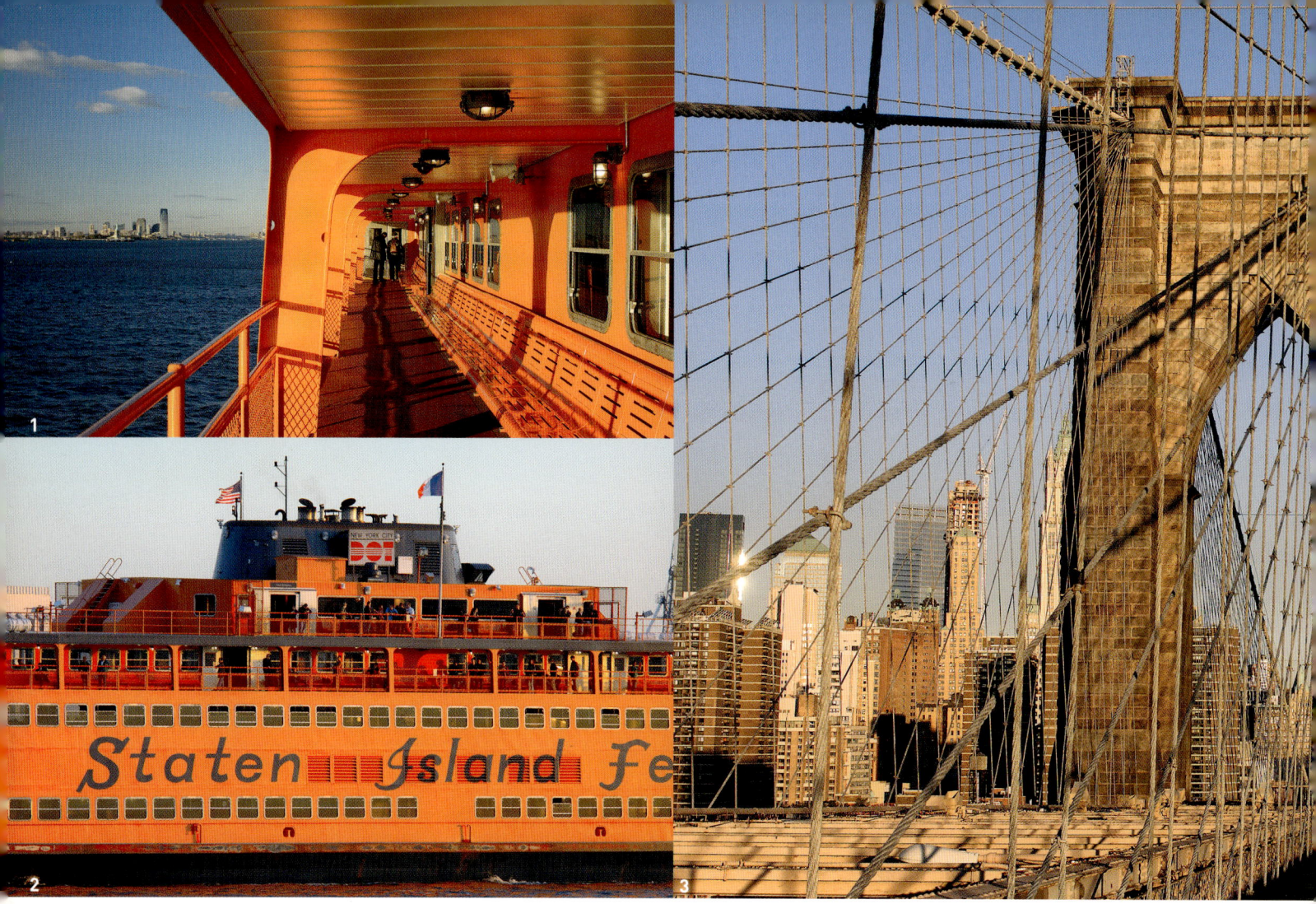

1 Orange leuchtet die Staten Island Ferry im Mittagslicht. **2** Eine Fahrt auf der Staten Island Ferry – die billigste Aussichtstour. **3** Die Brooklyn Bridge – Baugigant des 19. Jahrhunderts. **4** Der South Street Seaport und seine historischen Schiffe. **5** Im Ritz Carlton Battery Park Hotel sind Gäste der Finanzwelt am nächsten.

Nazis aus Österreich entkam und später aufgrund des weltberühmten Musicals »The Sound of Music« Weltruhm erlangte. Bis 1901 trieb auf Ellis Island auch eine Heerschar von Betrügern ihr Unwesen, zum großen Teil gehörten sie sogar dem Beamtenstab an. Sie verlangten Bestechungsgelder, stahlen den Neuankömmlingen ihre kärgliche Habe und tauschten ausländisches Geld zu Wucherpreisen um. Erst auf eine Verfügung von Präsident Theodore Roosevelt hin wurde ihnen das Handwerk gelegt. Auf Ellis Island stehen Besuchern auch 41 Computer zur Verfügung, auf denen sie eine riesige Datenbank nach ihren familiären Wurzeln durchsuchen können. Sie erhalten Informationen über Passagierlisten und Schiffsregister. Schließlich können 100 Millionen Amerikaner auf einen Vorfahren verweisen, der über Ellis Island Amerika erreichte.

Eine andere Möglichkeit, Manhattan zu betrachten, eröffnet sich bei einem Spaziergang über die Brooklyn Bridge. Die 1825 Meter lange Brücke stellte bei ihrer Eröffnung 1883 einen technischen Quantensprung dar: Für die Konstruktion der größten und längsten Hängebrücke der Welt wurden zum ersten Mal Stahlseile verwendet. Sogar 24 000 Kilometer davon! Der deutsch-amerikanische Erbauer der Brücke, Ingenieur John August Roebling, war mit einer kleinen Hängebrücke in Bamberg vertraut. Die gotischen Bögen empfand er den Kirchenfenstern der Divi-Blasii-Kirche seiner Heimatstadt Mühlhausen nach. Roebling starb jedoch bereits während der Vermessungsarbeiten an einer Tetanusinfektion, und auch seinem Sohn und Nachfolger Washington erging es nicht besser: Er erlitt bei Arbeiten unter Wasser die Taucherkrankheit. Seiner Ehefrau Emily war es schließlich zu verdanken, dass die Brücke zu Ende gebracht wurde.

In einem warmen Goldton erstrahlen die Sandstein- und Granitpfeiler der Brooklyn Bridge bei Sonnenuntergang. Es empfiehlt sich von Manhattan geradewegs loszugehen, ohne sich zunächst umzudrehen. Das Wow-Erlebnis stellt sich ein, wenn man von der Mitte der Brücke zurückschaut: Dem Auge bietet sich die atemberaubende Skyline, so oft auf Fotos gesehen, aber live doch immer wieder ein Erlebnis. Wer für eine Aussichtsfahrt nichts bezahlen will, sollte von der

Zeit für New York Harbor

Sehen und Erleben

Freiheitsstatue und Ellis Island

Die Fährenlinie Statue Cruises bringt Besucher vom Battery Park am südlichen Ende von Manhattan zu beiden Sehenswürdigkeiten. Für einen Besuch bis in die Krone der Freiheitsstatue ist es ratsam, ein »Crown Ticket« im Voraus über das Internet zu buchen. Wer mit einem Museumsbesuch im Sockel der Statue zufrieden ist, kann sich ein »Pedestal/Museum Ticket« kaufen. Kartenreservierungen empfehlen sich an Wochenenden, Feiertagen und von Mai bis September. All jene, die sich entschließen, Ellis Island einen Besuch abzustatten, haben auch das Recht, bei der Freiheitsstatue auszusteigen und im Park spazieren zu gehen. Wer beide Sehenswürdigkeiten besuchen will, sollte ein Kombiticket kaufen. Achtung: Die Sicherheitskontrollen an der Freiheitsstatue sind besonders streng. Besucher, die das Innere der Mammutskulptur betreten wollen, müssen sich 45 Minuten vorher anstellen. All jene, die sowohl die Freiheitsstatue wie auch Ellis Island besuchen wollen, sollten bis spätestens 13 Uhr

5

auf der Fähre sein. Beide Sehenswürdigkeiten sind am 25. Dezember geschlossen. www.statuecruises.com.

Brooklyn Bridge

Auf der Brooklyn Bridge führt oberhalb der Fahrbahnen ein hölzerner Fußweg über den East River. Von der Mitte der Brücke genießen Besucher eine wunderbare Aussicht auf das Stadtpanorama. Wer noch niemals in Brooklyn war, sollte sich nicht scheuen, diesen Stadtteil zu besuchen. Brooklyn Heights ist ein liebliches Viertel mit vielen historisch wertvollen Gebäuden sowie gemütlichen Cafés und Restaurants. Von einer Bank auf der Brooklyn Heights Promenade schaute bereits Woody Allen im Film »Manhattan« auf den von ihm geliebten Teil New Yorks. Dabei wurde er in Brooklyn geboren!

Staten Island Ferry

Vom Sightseeing müde Füße erholen sich wunderbar auf einer Gratisfahrt durch den New Yorker Hafen. Besucher von auswärts können auf einheimisch tun und sich unter die Pendler mischen.

U-Bahn-Station Whitehall einen Ausflug auf der Staten Island Ferry unternehmen. 60 000 Menschen nehmen die Fähre tagtäglich zur Arbeit, das sind jährlich etwa 20 Millionen. Die Überfahrt zu New Yorks fünftem Bezirk dauert nur 22 Minuten, der Erholungsfaktor nach einem anstrengenden Tag Sightseeing ist jedoch enorm.

U-Bahn-Stationen

Freiheitsstatue und Ellis Island: South Ferry (1)
Brooklyn Bridge: Brooklyn Bridge/City Hall (4, 5, 6), City Hall (N, R), Park Place (2, 3)
Staten Island Ferry: Broad Street (J, Z), South Ferry (1), Bowling Green (4, 5)

26 Downtown

Wie ein Phönix aus der Asche
Financial District: Wiedergeburt in Glas und Stahl

Am Ground Zero wächst ein neuer Wolkenkratzerkomplex aus dem Boden. Beweis genug, dass kein Terrorakt das wichtigste Finanzzentrum der Welt zerstören kann. Im größten Hafen der USA ziehen hochkarätige Museen und koloniale Architektur Besucher an.

Niemand kann sich der Tränen erwehren, die unwillkürlich am Ground Zero aufsteigen. Auf der Aussichtsplattform flattern Hunderte von Blumen und amerikanische Fähnchen im Wind. Eine Liste der Namen aller Opfer von »Nine-Eleven« prangt an der Gitterwand. Daneben tragen Besucher ihre Gedanken in ein Gästebuch ein. Die Organisation »Tribute World Trade Center« hat am Ground Zero ein Besucherzentrum errichtet und veranstaltet Führungen rund um New Yorks größte Wunde und Baustelle. Als Guides arbeiten Personen, deren Leben sich durch den größten Terroranschlag auf amerikanischem Boden entscheidend verändert hat. Mickey, ein pensionierter Feuerwehrmann, hat den Zusammensturz des Nordturms überlebt. »Die Führungen sind zu meinem Lebensinhalt geworden, denn ich habe das Gefühl, dass ich etwas zurückgeben kann«, erklärt er seine Mission. Nach längeren Querelen zwischen verschiedenen öffentlichen Ämtern und Bauherren soll in den nächsten Jahren ein hypermoderner Wolkenkratzerkomplex entstehen. Das von Michael Arad und Peter Walker entworfene Denkmal wird die Grundrissquadrate der »Twin Towers« umfassen. In sie werden sich Wasserfälle ergießen, die den ständigen Fluss des Lebens versinnbildlichen. One World Trade Center von David Childs ahmt in seiner Formgebung die Fackel der Freiheitsstatue nach. Two World Trade Center von Norman Foster wird aus vier scheinbar einzeln stehenden Türmen bestehen, die dann doch wie magisch miteinander verbunden sind. Das abgeschrägte Dach reflektiert bei gutem Wetter allmorgendlich Sonnenlicht auf das Denkmal. Der Lichteinfall des Turms ist so konzipiert, dass Arads und Walkers Denkmal jedes Jahr am 11. September nicht von Schatten bedeckt ist. Ground Zero ist jedoch nicht das einzige Stadterneuerungsprojekt der Lower Manhattan Development Corporation. Auch die Straßen um die Wall Street sollen auf Vordermann gebracht und besucherfreundlicher gestaltet werden. Die Börse ist zwar seit

1 Die Wall Street ist mit Gold gepflastert. Manchmal müssen Investoren jedoch aufpassen, dass es kein Katzengold Maddoff'scher Fabrikatur ist. **2** Der Wall Street Bull schnaubt wütend einer Hausse entgegen. **3** Mahnmal am Ground Zero. **4** George Washington schaut streng auf die Börse.

dem Terroranschlag für die Öffentlichkeit gesperrt, doch allein die Außenfassade von 1903 imponiert: Sechs riesige korinthische Säulen heben, für jeden sichtbar, die Bedeutung des Aktienumschlagplatzes als wichtigsten Finanztempel der Welt hervor. Gleich neben der Börse eröffnete 2008 im ehemaligen marmorverkleideten Hauptsitz der »Bank of America« das »Museum of American Finance« seine Pforten. Hier erfahren Besucher, wie das Finanzsystem funktioniert und auch versagt. Eine Aktie der »South Sea Company« aus dem Jahr 1720 beweist, dass auch Genies mit Börsengeschäften Pech haben können. Sie ist von Sir Isaac Newton gezeichnet. Newtons Aktie verlor ihren Wert, als eine Spekulationsblase Anfang des 18. Jahrhunderts platzte. Auch vor fast 300 Jahren war der Finanzmarkt nicht vor Fehlspekulationen gefeit.

Unweit der Börse, im Bowling Green Park am Broadway, schnaubt der »Wall Street Bull« mit seinen Nüstern. Die bronzene Stierstatue ist zum inoffiziellen Wahrzeichen der Wall Street geworden. Die 7000 Pfund schwere Skulptur symbolisiert die Hoffnung auf einen »bull market«, eine Börsenhausse. Der Bildhauer Arturo DiModica stellte sie nach dem Börsenkrach des Jahres 1987 illegal auf. Als sie die Stadtverwaltung wegschaf-

fen wollte, kam es zu Protesten in der New Yorker Bevölkerung. Und seitdem darf der Stier ungestört in Angriffspose verharren. Wer ein bisschen mit den Börsenhaien schwimmen will, sollte sich ins schicke Hotel Gild Hall einmieten. Schon Name und Adresse deuten auf die Hoffnungen der exklusiven Klientel hin: Die »güldene Halle« ist an der Gold Street gelegen. Die Inneneinrichtung des Hotels orientiert sich am männlichen Geschmack: Lüster aus Geweihen und eine Rhinozerosstatue wecken den Jagdtrieb mancher Herren. Lobby und Zimmer sind wie die Bibliothek eines englischen Gentlemans gestaltet, der in den 70er-Jahren zu viele James-Bond-Filme gesehen hat. In der Bar fließen die »dirty martinis« in Strömen. Ihnen wird neben Wermut und Gin ein wenig Salzlauge von eingelegten Oliven beigemischt. In den Zimmern verbreiten Orchideenblüten frischen Duft.

Den Hauch der Finanzwelt durchströmt auch die Patisserie »Financier« auf der Stone Street, einer Straße, die schon von den holländischen Siedlern angelegt und als eine der ersten in der Stadt gepflastert wurde. Hier laben sich Broker in Maßanzügen an »Financiers«, viereckigen Mandelküchlein in Goldbarrenformat, und spülen sie mit einem geschmackvollen Café au Lait hinunter. Fernab von der Museumsmeile um den Central Park hat sich der

1 Der Wall Street Inn setzt auf historische Atmosphäre. **2** Designerin Sabrina Schilcher und Tochter Ondine fühlen sich dank eines von der Stadt geförderten Kredits im Finanzdistrikt wohl. **3** Jean Dubuffett-Skulptur auf der Chase Manhattan Plaza. **4** Das wilde Treiben auf der Börse. **5** Die Trinity Church lädt zur Besinnung ein.

Financial District in ein Kulturviertel verwandelt. Das »New York City Police Museum« geht der Geschichte von »New York's Finest« nach. Besucher können sich in einer Zelle einsperren lassen und an eigenem Leib erfahren, wie das ist, wenn das Klo gleich neben dem Bett steht. Al Capones »Tommy« Revolver findet sich hier genauso wie Filmaufnahmen vom Polizeieinsatz am 11. September 2001.

Angesichts der vertikalen Gebäuderiesen in der Gegend ist der Besuch des »Skyscraper Museum« besonders interessant. In Wechselausstellungen beleuchtet es die architektonische Entwicklung im 20. und 21. Jahrhundert und hat die gesamte Geschichte der Twin Towers archiviert.

Das »Museum of Jewish Heritage« wurde im Andenken an all jene eingerichtet, die im Holocaust ihres Lebens beraubt wurden. Subtil, jedoch eindrücklich vermittelt eine Fotowand mit 2000 Bildern von jüdisch-französischen Kindern die Gräuel des Geno-

1 Komfortabel und nobel: die Thompson Suite im Gild Hall Hotel.
2 Die Library Bar im Gild Hall Hotel fühlt sich wie ein Gentlemen's Club aus dem 19. Jahrhundert an. **3** Feudal eingerichtet sind die Badezimmer im Gild Hall Hotel. **4** Die Library Bar – Treffpunkt kluger Köpfe.
5 Feinstes Sushi bei Haru. **6** Das Museum of Jewish Heritage informiert über die Geschichte des jüdischen Volkes.

zids. In luftigen Sommerkleidern und mit Schleifen in den Haaren strahlen manche Mädchen in die Kamera. Nicht auszudenken, was diesen unschuldigen Kindergesichtern später widerfuhr.
Ein wahres Schnäppchen gelang Peter Minuit, dem Gouverneur der niederländischen Kolonie im Jahr 1626. Er kaufte die Insel Manhattan den dort lebenden amerikanischen Ureinwohnern für umgerechnet 1000 Dollar ab. Wertvolle Artefakte von diversen indianischen Stämmen stellt das »National Museum of the American Indian« aus. Ursprünglich war dieses opulente Gebäude aus dem Jahr 1907 für die Zollbehörde errichtet worden. Es befindet sich am Beginn des Broadway, jener Straße, die ursprünglich von den Ureinwohnern als Pfad quer durch Manhattan angelegt wurde. Besonders begehrt sind die Artikel des Museumsshops. Wie viele Leute können sich schon rühmen, bunt bestickte Fellpantoffeln von den Inuit aus Alaska zu besitzen?

Im Battery Park am südlichsten Ende von Manhattan ruhen sich Besucher der Stadt gern aus. Castle Clinton ist ein Fort aus dem Jahr 1811, das nach seiner Fertigstellung nicht mehr für kriegerische Auseinandersetzungen genutzt wurde. Heute erwirbt man hier die Tickets für den Besuch von Ellis Island und der Freiheitsstatue.
New York besitzt den größten Hafen der Vereinigten Staaten. Meeresluft umweht die Besucher des South Street Seaport im östlichen Teil des Financial District. Rund um das abends bunt beleuchtete moderne Einkaufszentrum finden sich die ältesten Straßen New Yorks, die Water Street, Pearl Street sowie Peck Slip. Hier stehen einfache Ziegelgebäude, die einst als Warenlager von den Werften genutzt wurden. In der »Fraunces Tavern« in der Water Street wird bereits seit den 70er-Jahren des 18. Jahrhunderts Whisky ausgeschenkt. Hier verabschiedete sich George Washington 1783 nach erfolgreichem Abschluss des amerikanischen Unabhängigkeitskriegs von seinen Truppen. Das Gebäude aus der Kolonialzeit wurde im Laufe der Jahrzehnte immer wieder renoviert. Heute finden im Restaurant Hochzeiten wie vor über 200 Jahren statt, bei denen die Braut anstatt des Schleiers ein Spitzenhäubchen trägt. Das »South Street Seaport Museum«

Zeit für Financial District

Sehenswertes

Tribute WTC Visitor Center, 120 Liberty St., www.tributewtc.org. Das von der 9/11-Community gegründete Besucherzentrum veranstaltet Führungen um Ground Zero.
New Yorker Börse, 11 Wall St.
Museum of American Finance, 48 Wall St., www.moaf.org. Museum zur Geschichte des Dollar.
National Museum of the American Indian, Alexander Hamilton U.S. Customs House, One Bowling Green, www.nmai.si.edu.

Artefakte der Natives.
Museum of Jewish Heritage, 36 Battery Place, www.mjhnyc.org. Holocaust-Geschichte mit den Augen der Überlebenden gesehen.
Skyscraper Museum, 39 Battery Place, www.skyscraper.org. Wolkenkratzer-Geschichte.
South Street Seaport Museum, 12 Fulton St., www.southstreetseaportmuseum.org. Museum mit nautischen Artefakten und acht historischen Schiffen.

Übernachten

Gild Hall****, 15 Gold St./Ecke Platt St., Tel. 0212-2327700, Fax 0212-4250330, infoGildHall@thompsonhotels.com, www.thompsonhotels.com. In diesem schicken Hotel im Retro-Look der siebziger Jahre steigen junge Führungskräfte aus der Finanzbranche ab.
Wall Street Inn****, 9 South William St., Tel. 0212-7471500, Fax 0212-7471900, manager@thewallstreetinn.com, www.thewallstreetinn.com. Kleines Hotel in kolonialem Stil. Für all jene, die Spitzen und Rüschen lieben.
Eurostars Wall St.***, 129 Front St., Tel. 0212-7420003, Fax 0212-7420124, info@eurostarswallstreet.com, www.eurostarswallstreet.com. Modernes, kostengünstiges Hotel, eingerichtet in Schwarz, Weiß und Rot.

Essen und Trinken

Haru, 1 Wall St. Court, Tel. 0212-7856850. Dieses japanische Lokal ist ganz auf Shinto-Tempel gestylt. Exzellente Fischgerichte.
Financier, 62 Stone St., 3–4 World Financial Center, 35 Cedar St., 10 Liberty Plaza. Verführerische französische Patisserie mit drei Standorten.

Shopping

Century 21, 22 Courtland St. Designermode zu günstigen Preisen. New Yorks beliebtestes Wühl-Kaufhaus.
Abercrombie & Fitch, 199 Water St. Diese Klamottenkette stellt die Jeans mit dem meisten Sex-Appeal her.
J. Crew, 203 Front St. Michelle Obama kleidet sich hier gern ein.

U-Bahn-Stationen

World Trade Center (E), Wall Street (4, 5, 6 und 2, 3), Cortland Street (6), Rector Street (1 und R, W), Bowling Green (1), South Ferry (1), Broad Street (J, M, Z), Fulton Street/Broadway Nassau (A, C, J, M, Z, 2, 3, 4, 5).

---

besitzt acht Schiffe aus dem 18. und 19. Jahrhundert, von denen man einige besichtigen kann. Die viermastige »Peking« lief 1911 in Hamburg vom Stapel und brachte Waren nach Südamerika. Möchtegernmatrosen stöbern gern in den Geschäften, die rund um den Seaport mit nautischen Souvenirs handeln. Schließlich gehörte dem berüchtigten Piraten Captain Kidd (1645–1701) vor seiner Auslieferung an England ein großer Teil der Hafengegend. Und wer weiß, was sich im Antiquariat alles findet?

32 Downtown

Welcome to De Niro Land
Tribeca: Manhattans Hollywood

Vor 20 Jahren entdeckten Künstler die riesigen alten Lagerhallen am Hudson River und wandelten sie in Ateliers um. Viele Schauspieler wie Robert De Niro folgten ihnen. Heute regiert die kreative Filmszene in dieser Gegend.

Was macht man, wenn man das gesamte künstlerische Oeuvre seines Vaters erbt, das Hunderte von Zeichnungen und Malereien umfasst? Heißt man Robert De Niro, baut man einfach ein Hotel und hat somit genug Platz, das abstrakt-expressionistische Werk des gleichnamigen Seniors auszustellen. Sein Greenwich Hotel ließ der Filmstar auf einem Parkplatz gleich neben seinem Büro hochziehen. So musste er auch nicht mehr auf eine leere Betonfläche schauen, sondern kann sich in der Landhausatmosphäre seines »home away from home« entspannen.

Robert De Niro ist es zu verdanken, dass Tribeca, das »Triangle below Canal Street«, zum Zentrum des kreativen Filmschaffens avancierte. Tribeca erstreckt sich von der Canal Street im Norden bis zur Murray Street im Süden. Östlich wird es vom Broadway und westlich vom Hudson River begrenzt. Riesige Lagerhäuser aus dem 19. Jahrhundert standen hier leer, nachdem die Hafen- und Textilarbeiter in andere Gegenden abgewandert waren. Künstler wie Richard Serra nutzten diese Lofts in den 80er-Jahren, um an ihren großräumigen Projekten zu arbeiten. De Niro nistete sich hier 1989 häuslich ein. Im Martinson Coffee Building, einem ehemaligen Kaffeedepot, eröffnete er das Tribeca Film Center, ein Bürohaus für innovative Filmschaffende. Mit Restaurantimpresario Drew Nieporent startete er auch eine Reihe von Restaurants: zuerst »Tribeca Grill«, in dem amerikanisch gekocht wird, dann den japanischen Gourmettempel »Nobu«, bis heute eine Spitzenadresse für frischen rohen Fisch und ausgefallene Kreationen. Als der 11. September 2001 schwer auf der Stadt lastete, ersann De Niro das »Tribeca Film Festival«, für das die »Tribeca Cinemas« aus dem Boden gestampft wurden.

Sein jüngster Streich ist das Greenwich Hotel. Ein moderner Glaspalast kam für Robert De Niro nicht infrage. Er selbst wuchs als Kind in Lower Manhattan auf und weiß die historische Architektur seiner Heimatstadt zu schätzen. Deshalb sieht das Hotel

1 Kurt Gutenbrunner und seine Dessertköstlichkeiten im »Wirtshaus Blaue Gans«. **2** Beste Steaks gibt es bei »Dylan's Prime.« **3** Die »Chill Lounge« in Tribeca lädt zum Chillen ein. **4** Die alten Lagerhäuser von Tribeca beherbergen coole Lofts.

1 Architekten des 19. Jahrhunderts gaben Fabriken und Lagerhäusern eine ansehnliche Fassade. **2** Der Schickeriatreff »Blaue Gans« hat die Patina eines alten Wirtshauses. **3** Küchenchef Kurt Gutenbrunner freut sich, dass seine österreichischen und deutschen Leckerbissen so gut gelungen sind. **4** John F. Kennedy Jr. fühlte sich auf der North Moore Street jungverheiratet wohl.

auch so aus, als wäre es vor 100 Jahren errichtet. Für den achtstöckigen Bau wurden nur handgeschöpfte rote Ziegel verwendet, für die Fenster des Restaurants sogar Glas vom berühmten Flatiron Building, in dem noch eingeschlossene, von Mund geformte Luftblasen zu sehen sind. In der Lobby stehen bequeme Fauteuils, die alle unterschiedlich gemustert sind. Sie könnten vom Landsitz eines englischen Lords stammen. Antike tibetische Teppiche verbreiten ein Gefühl von Wärme. Alte Holzbalken wurden von einem alten Bauernhof abgetragen. Sie verstärken den rustikal-herrschaftlichen Charme des Hotels. Hinter der Rezeption sind bereits die ersten Kunstwerke von Robert De Niro senior zu bewundern – zügig geschwungene Aktzeichnungen, schnell auf das Papier geworfen.

Obwohl das Hotel auf der viel befahrenen Greenwich Street liegt, dringt kein Autogebrumme in die 88 Zimmer. Sie sind zu 95 Prozent schalldicht. Keines von ihnen gleicht dem anderen. Auf recycelten Holzbrettern aus sibirischer Föhre stehen solide, geradlinige Antiquitäten aus ganz Europa. Seidengebundene antiquarische Literaturklassiker in den Bücherregalen laden zum

Lesen ein. Ein Gedicht sind auch die Dux-Betten, die ein bequemes Schlafvergnügen bereiten. Aus den besten Zimmern sieht man auf den mit Arkaden angelegten Innenhof.
Gut versteckt vor neugierigen Blicken liegt der Shibui-Spabereich des Greenwich Hotels. Dafür wurde ein 250 Jahre altes Holzhaus aus Kyoto importiert. Unter seinem Dach schwimmen Gäste bei schummrigem Licht in dem von Laternen beleuchteten Pool. Wer Möbel wie im Greenwich Hotel kaufen will, muss nicht lange suchen. Das Geschäft »Siberian Furniture«, gleich neben dem Hotel, bietet Einrichtungsgegenstände aus nachhaltig gezüchtetem Holz aus Russlands kältester Gegend an.
Für De Niros Restaurantimperium arbeitete einst Michael Waterhouse, bisher sich mit seinem Steakhouse »Dylan Prime« an der Ecke Greenwich Street und Laight Street selbstständig machte. Dort können sich Gäste zum Porthouse oder Rib-Eye Steak Saucen wie eine schwarztrüffelige Beurre Blanc, feincremigen Spinat und Barbecue Baked Beans bestellen. Unübertroffen sind jedoch Michaels »Pietinis« und »Caketales«. »Ich wollte ursprünglich einen Cocktail kreieren, der wie Kürbiskuchen mit Vanilleeis schmeckt«, erzählt der Besitzer. »Ich experimentierte herum und bemerkte, dass sich Sahne und Licor 43 von anderen Zutaten in einer schönen Schicht absetzen.« In seinen »Apple Pie Martini« kommen neben Sahne und Licor 43 auch Wodka, Ahornsirup und Apfelschnaps.
Auf Feinsinniges hat sich auch die »Brandy Library« in der North Moore Street spezialisiert. Nur ein paar Schritte von John F. Kennedy juniors früherem Apartment in Nummer 20 erzeugen dunkles Holz, Kaminfeuer und indirekte bernsteinfarbene Beleuchtung eine gemütlich-gediegene Atmosphäre. Anstatt mit Büchern füllt diese »Bibliothek« ihre Schränke jedoch mit edlen braunen Spirituosen. Kellnerinnen fahren auf Leitern die Wände entlang, um einen Pierre Ferrand Cognac aus dem Jahr 1914 oder einen Darroze Armagnac aus dem Jahr 1945 für die Gäste zu holen. »Wir wollen die klassischen Cocktails wie Sidecar oder Brandy Alexander genauso wie vor 70 Jahren zubereiten«, erklärt Besitzer Flavien Desoblin. Zu diesem Zweck wird jeder Mitarbeiter als Spirituosensommelier geschult. Hollywoodstar Harvey Keitel wohnt gleich über der Bar und schaut auch gern auf einen »night cap« vor dem Schlafengehen vorbei.
Ein alter Hase in Tribeca ist Kurt Guttenbrunner. Er führte in die New Yorker Kulinarik etwas ganz Exotisches ein: deutsche und österreichische Gerichte! In dem Lokal mit den Holzbänken und

1 Die geräumige Corner Suite im Greenwich Hotel. **2** Gemälde von Robert De Niro Sr. hängen hier an den Wänden. **3** Landhausatmosphäre mitten in der Großstadt. **4** Der Pool nimmt Anleihen aus Japan. **5** Marmor und Mosaik im Greenwich Hotel.

großen Spiegeln an den Wänden kommen Blunzengröstl mit frisch geriebenem Meerrettich, Räucherforelle mit Kohlrabi, Gulasch und natürlich jede Menge Würste auf den Tisch. Dazu werden vier deutsche und zwei österreichische Biersorten serviert. Auch auf seine Weinliste kann das Lokal stolz sein: Aldo Sohm wurde 2006 vom »New York Magazine« zum besten Sommelier der Stadt gekürt.

Deutschen Ursprungs sind auch die Besitzer des schicken Hotels »Tribeca Grand« an der Sixth Avenue oder Avenue of the Americas, wie sie auch genannt wird. Max Stern, der Gründer der »Hartz Mountain Industries«, kam in den 20er-Jahren auf einem Überseedampfer mit 2100 Kanarienvögeln nach New York. Innerhalb von ein paar Jahrzehnten hatte er den größten Tierhandel in den Vereinigten Staaten aufgezogen. An diese Großtat erinnert heute der Goldfisch im Tribeca Grand Hotel. Sobald ein Gast ankommt, steht ein Glas mit dem pflegeleichten Haustier im Zimmer. Den Fisch können die Gäste bei ihrer Abreise nach Hause mitnehmen. Er erinnert sie an die minimalistisch inspirierte, jedoch komfortable Atmosphäre ihres Zimmers und das glasüberdachte Atrium, in dem sich die New Yorker Schickeria allabendlich ein Stelldichein gibt.

Amerikas Architekturstar Frank Gehry wurde ebenfalls in Tribeca aktiv. Wie um das Guggenheim Museum in Bilbao winden sich Titaniumschleifen durch das Geschäft des japanischen Modedesigners Isseye Miyake in der Hudson Street. Sie ergänzen damit Miyakes Modekreationen perfekt: Der Meister ist ebenfalls für seine wallenden Kleider, Röcke und Pullover bekannt. In diesem Multimillionendollargeschäft finden sich auch A-POCs, Klamotten, die nur aus einem ungeschnittenen Stück Stoff bestehen.

Cheryl Hazans Galerie in der North Moore Street erinnert an eine Zeit, als es in Tribeca noch von jungen, bildenden Künstlern nur so wimmelte. Sie vertritt »up-and-coming talents«. Der ursprünglich aus Ungarn stammende Pál B. Stock ist einer davon. Er bedeckt Holztafeln zuallererst mit einer Schicht Bienenwachs. Nachdem sie getrocknet ist und er sie abgeschliffen hat, malt er geometrische Formen in Ölfarbe darauf, die dann fast über der Oberfläche zu schweben scheinen. Wer weiß, vielleicht kommt ja mal Kunstliebhaber Robert De Niro vorbei und begeistert sich für sein Werk?

Zeit für Tribeca

Sehen und Erleben
20 North Moore Street. In diesem Haus wohnte John F. Kennedy junior in den 90er-Jahren bis zu seinem Tod im Jahr 1999.

Übernachten
Greenwich Hotel***, 377 Greenwich St., Tel. 0212-9418900, Fax 0212-9418600, reservations@thegreenwichhotel.com, www.thegreenwichhotel.com.** Robert De Niros jüngste Spielwiese. Auf »Old New York« gestylt. Gemütliche Stimmung, exklusive Einrichtung, japanisches Spa, New Yorks schönster Indoor-Pool.
Tribeca Grand Hotel**, 2 Avenue of the Americas, Tel. 0212-5196600, Fax 0212-5196700, reservations@tribecagrand.com, www.tribecagrand.com.** Die Lagerhausarchitektur des 19. Jahrhunderts wird hier neu interpretiert. Weites Atrium, gut zum »people watching«.
Cosmopolitan Hotel*, 95 West Broadway, Tel. 0212-5661900, reservations@cosmohotel.com, www.cosmohotel.com.** 100-jähriges Hotel, neu renoviert, preisgünstig.

Essen und Trinken
Dylan Prime, 62 Laight St., Tel. 0212-3344783. Gediegenes Steakhouse mit relaxter Atmosphäre. Ausgefallene süße Cocktails.
Blaue Gans, 139 Duane St., Tel. 0212-5718880. New Yorks einziges Wirtshaus mit wunderbaren Wurstspezialitäten.
Nobu, 105 Hudson St., Tel. 0212-2190500. Hier geht Robert De Niro Sushi essen.
Odeon, 145 West Broadway, Tel. 0212-2330507. Diese Art-déco-Bar eröffnete als erste in der vormals abgelegenen Gegend.
Soda Shop, 125 Chambers St. Besitzer Craig Bero hat sich auf »Egg Creams« spezialisiert. In diese Milkshakes kommt jede Menge Sirup. Der Laden sieht wie ein Norman-Rockwell-Gemälde aus und ist im Erdgeschoss des Cosmopolitan Hotels gelegen.

Ausgehen
Brandy Library, 25 North Moore St., Tel. 0212-2265545. Bar, die sich auf die amerikanische Cocktailtradition besinnt. Branntweine vom Feinsten.

Shopping
Issey Miyake, 119 Hudson St. Die amerikanische Vertretung des japanischen Designers. Frank Gehry übte hier für das Guggenheim Bilbao.
Cheryl Hazan Gallery, 35 North Moore St. Galerie für junge, aufstrebende Künstler.

U-Bahn-Stationen
Chambers Street (1, 2, 3, A, C), Franklin Street (1).

Shopping mit Stil
SoHo: Schicke Einkaufsmeile in historischem Ambiente

Schon vor 100 Jahren lockten die riesigen Glasschaufenster in der Gegend um den Lower Broadway eine hochkarätige Klientel an. Heutzutage laden innovative Verkaufslokale wie der »Prada Store« zum Verweilen ein.

In SoHo heißt der Leibhaftige nicht Beelzebub, sondern Moses, Robert Moses, um genauer zu sein. Der allmächtige New Yorker Städteplaner bestimmte von den 30er- bis zu den 60er-Jahren so ziemlich alles, was in New York architektonisch geschah. Durch den als Slum eingestuften Bezirk um den Lower Broadway, südlich der Houston Street, wollte er 1962 eigentlich eine Autobahn ziehen. Fast 250 historisch wertvolle Gusseisen-Gebäude wären diesem Projekt zum Opfer gefallen. Glücklicherweise traten Altstadtbewahrer wie Jane Jacobs auf den Plan. Nach zahlreichen Demonstrationen erreichten sie, dass SoHo (South of Houston) 1973 unter Denkmalschutz gestellt wurde. Besucher, die heutzutage die Metrolinie N oder R bis zur Prince Street nehmen, werden im »Cast Iron Historic District« ausgespuckt. Gleich auf dem Broadway sticht mit Nummer 561 das liebliche »Little Singer Building« ins Auge. Die Nähmaschinenfirma ließ hier 1902 von Architekt Ernest Flagg eine zwölfstöckige Fabrik errichten, deren verspielte Jugendstilfassade aus Terrakotta, Ziegel, Stahl und Glas darüber hinwegtäuscht, dass dahinter einst schwer gearbeitet wurde. Gitterzierrat in Form von griechischen Säulen und hübsch geschwungene Schmiedeeisenbalkone verstärken den Fin-de-Siècle-Eindruck. In Nummer 55 auf der gegenüberliegenden Straßenseite eröffnete Edeljuwelier Charles Tiffany im Jahr 1853 sein drittes Geschäft, das er bis 1870 hier betrieb. Zwei Straßen weiter südlich, an der Ecke Broadway/Broome Street prangt das mächtige »Haughwout Building« in die Höhe. Es verdeutlicht eindrucksvoll den Stil der »cast iron buildings«, für die SoHo so berühmt ist. Diese Gebäude mit Gusseisenfassade entstanden zwischen 1840 und 1880. Gusseisenfassaden wurden zunächst bereits existierenden Gebäuden übergestülpt und reichlich verziert. Später wurden sie auch als tragende Konstruktionselemente verwendet. Sie erlaubten große Fensterflächen und weite, nur durch Eisensäulen unterteilte Räume, die sich wiederum

1 In Soho finden häufig Straßenmärkte statt. **2** Die schicke Handtasche – ein »Must« für alle Ladys. **3** Der Smoke Shop am West Broadway – ein Refugium für Raucher. **4** In SoHo wichen die Galerien den feinen Klamottenläden.

besonders für die Unterbringung von großen Maschinen eigneten. John Gaynor, der Architekt des »Haughwout Building«, ließ sich von der Architektur Venedigs inspirieren, als er 1857 das Verkaufsgebäude für ein exklusives Geschirrgeschäft hochzog. 92 Schlusssteinbögen rahmen sich um die hohen Fenster. Durch diese floss viel Tageslicht, als First Lady Mary Todd Lincoln hier 1861 das Porzellan für das Weiße Haus aussuchte. Beide Gebäude legen Zeugnis von einer Zeit ab, in der die Reichen und Schönen am Lower Broadway einkaufen gingen.

Als »King and Queen of Greene Street« werden die beiden Gebäude mit den Nummern 72–76 und 28–30 bezeichnet. Mit Elfenbeinfarbe wurde die Fassade des »Königs« gestrichen, dessen zum Himmel strebende Dachfenster die französische Renaissance imitieren. Klassisch zurückhaltender gibt sich die »Königin«. Ihr Mansardendach weist ebenfalls nach Frankreich. Auf der Greene Street blieb das Straßenbild aus dem späten 19. Jahrhundert komplett erhalten. Besucher wandern hier an Straßenlampen vorbei, die wie Bischofsstäbe geformt sind. Schon bevor Jane Jacobs und ihre Mitstreiter die Gegend vor dem Abbruch gerettet hatten, zog es viele Künstler in die aufgelassenen Fabrikhallen. Sie brachten »Loft Living« in Mode. Als die Gegend in den 60er- und frühen 70er-Jahren nicht einmal von der Müllabfuhr bedient wurde, organisierten sie Ausstellungen für Kenner zeitgenössischer Kunst. Um zu kennzeichnen, wo sich die Ausstellung befand, hängten sie einfach eine Fahne raus. Dieser Tradition folgen auch heute noch viele Geschäfte auf den Hauptstraßen Prince und Spring Street. Nachdem die Künstler die Neugier auf den Bezirk erweckt hatten, zog es 1971 renommierte Galerien wie Leo Castelli und Ileana Sonnabend hierher. Ihnen folgten kleine Geschäfte. Schließlich etablierten sich hier auch große Mode- und Wohndesignfirmen.

Serge Raoul erinnert sich noch gut an die Zeit, als sich nachts nur wenige Taxifahrer in die Gegend trauten. Der gelernte Filmemacher aus dem Elsass eröffnete gemeinsam mit seinem Bruder Guy 1974 in der Prince Street 180 ein französisches Bistro. Das schummrige Lokal mit den Lederbänken, der großen hölzernen Bar und der gemusterten Aluminiumzierdecke gehörte ursprünglich einem alten italienischen Ehepaar, das jahrzehntelang in sei-

ner Trattoria »Luitzi's« Spaghetti kochte. Serge und Guy begannen hier gebratene Gänseleber mit Weintraubenpüree, Austern, Entenbrust und Crème brulée zu servieren. »Mick Jagger stellte sich manchmal selbst in die Küche und briet sich einfach ein Steak«, erzählt Serge Raoul. Auch Andy Warhol und Robert Rauschenberg tafelten hier gern. Das Lokal hat sich die Atmosphäre von anno dazumal erhalten. Die Wände sind mit Dutzenden Gemälden gespickt, die Künstler manchmal in Ermangelung von Bargeld hinterließen.

Der deutsche Kunstimpresario Heiner Friedrich war einer der Ersten, die nach SoHo zogen. Der Gründer der Dia Art Foundation, die in den achtziger Jahren West Chelsea für den Kunstmarkt erschloss, wohnte in den siebziger Jahren am West Broadway, der heutigen Einkaufsmeile, und betrieb auf der Mercer Street eine Galerie. Sein eigenes Wohnloft stellte er 1980 dem Landschaftskünstler Walter De Maria zur Verfügung. Dieser legte hier 500 runde, auf Hochglanz polierte Messingstäbe horizontal auf den Boden, die alle zwei Meter lang und fünf Zentimeter breit sind. Die 500 Stäbe liegen in fünf parallelen Reihen. Der

1 Musikpause in SoHo. **2** Am Wochenende findet sich am West Broadway immer Zeit für einen Tratsch. **3** Ein Gent auf der Spring Street. **4** Wilde Kunst gedeiht hier immer noch auf den Mauern. **5** Morgane Le Fayes schicker Verkaufssalon.

Abstand zwischen den Stäben wächst jeweils um fünf Millimeter, sodass ein Eindruck von Weite und Unendlichkeit entsteht. Kontemplative Gedanken kommen auch bei Walter De Marias zweitem Kunstwerk »Earth Room« in der Wooster Street auf. Der Künstler füllte einen Raum mit 197 Kubikmetern, sprich 140 000 Kilogramm Erde. Junge Kunststudenten kommen hierher, um zu meditieren. Wenn sie die Treppe zum »Earth Room« hinaufsteigen, schlägt ihnen gleich ein ganz anderer Geruch entgegen als auf der Straße, feucht und ein bisschen modrig, so als ob sie direkt in einen Laubwald hineinwandern würden.

Ein Prototyp für »Loft Living« ist in Nummer 101 Spring Street zu bewundern. An der Ecke zur Mercer Street wohnte in den späten 60er- und frühen 70er-Jahren der minimalistisch arbeitende Künstler Donald Judd. Sein Wohnhaus ist das einzige bis heute erhaltene Haus in SoHo, das zeigt, wie Künstler einst ein ganzes

1 SoHos Restaurants laden zum Verweilen ein. **2** Bei Marie Belle auf der Broome Street bekommt man Pralinen mit Stil. **3** Die Mercer Street ist das Epizentrum von »New York Cool.« **4** Etwas Ausgeflipptes findet sich hier immer. **5** Schicke Möbel gibt es bei Property auf der Wooster Street. **6** Fotokunst in der Morrison Gallery. **7** Raoul's – eine Bistro-Institution auf der Prince Street.

Gebäude bewohnten. Donald Judds Lebenswerk wurde in eine Stiftung eingebracht und das Haus in ein Museum umgewandelt. Auf Sesseln von Arvo Aalto und Gerrit Rietveld saßen schon Donald Judd und seine Familie. Im dritten Stock, Judds Atelier, steht eine von seinen einfachen Stahlskulpturen im Raum. An den Wänden hängen Werke von Frank Stella und Claes Oldenburg. Judd verwirklichte in seinem Haus seine Vorstellung, in einem minimalistischen Gesamtkunstwerk zu leben. Auf einem riesigen Bett, einer Holzplatte knapp über dem Boden, schliefen der Künstler und seine Lebenspartnerin Julie Finch. Ansonsten findet man wenig Mobiliar. Eine von Dan Flavins Licht-installationen verläuft entlang der gesamten Längsseite des Schlafzimmers.

Licht spielte auch eine wichtige Rolle für den französischen Stararchitekten Jean Nouvel, als er das Wohnhaus Mercer Street Nummer 40 plante. Wie ein dreidimensionales Gemälde von Piet Mondrian sieht das Gebäude aus dem Jahr 2007 aus. Rote und blaue Scheiben benutzte der Architekt, um die riesigen Glasfenster zu umrahmen. Diese sind die größten ihrer Art, die je in einem Wohngebäude in den Vereinigten Staaten angebracht wurden. Mit seiner Transparenz und seiner Leichtigkeit verweist

das Gebäude auf seine gusseisernen Nachbarn. Modedesigner Marc Jacobs und »Harry Potter« Daniel Radcliffe machen es sich hier für eine Monatsmiete von 30 000 Dollar gemütlich. »40 Mercer Street« wurde von André Balazs entwickelt. Uma Thurmans Exfreund eröffnete 1997 das erste Hotel in SoHo. Das Interieur des Mercer Hotel könnte von Donald Judd entworfen worden sein. Es ist minimalistisch, jedoch komfortabel. Die Innenarchitekten verwendeten Lavendel als durchgehendes Farbelement. Der berühmte Küchenchef Jean-Georges Vongerichten schwingt in der »Mercer Kitchen« den Löffel. Er ist dafür berühmt, Fleisch- und Fischgerichte in leichten Gemüsereduktionen zu servieren. Auf der Speisekarte stehen Lachs mit Kaffirlimettensauce, Gurke und Bok Choy. Einer der angesagtesten Klubs befindet sich im Keller des Hotels. »Submercer« spielt klug mit dem Verb »submerse«, das so viel wie »untertauchen« heißt. Zwei Rausschmeißer stehen vor einer kleinen Tür der Nummer 147 1/2. Hotelgäste finden jedoch zum Klub immer Zutritt. Nachteulen nehmen einen Frachtenaufzug und wandeln dann durch ein Labyrinth, bis sie in das ganz aus Ziegelwänden bestehende Lokal vordringen. Sie treffen auf Celebrities wie Adam Sandler und superschlanke Models, die an coolen Cocktails nippen.

Eine der besten Barfrauen der Welt ist ebenfalls in SoHo aktiv. Audrey Saunders gewann 2007 die »Cocktail Spirit Awards« und mischt in ihrem kolonial-asiatisch inspirierten Pegu Club in der West Houston Street Cocktails auf Ginbasis. »Wodka kommt mir erst gar nicht ins Haus«, erzählt sie. In ihrer Küche experimentiert

SoHo 43

1 Der historische Stiegenaufgang im Soho Grand Hotel wurde original aus der Struktur des 19. Jahrhunderts erhalten. **2** In der geräumigen Lobby des des Mercer Hotels fühlen sich Gäste wohl. **3** Schlafzimmer Courtyard Loft im Mercer Hotel. **4** Das freundliche Personal des Mercer Hotel bereitet einen warmen Empfang.

sie oft monatelang und legt Kräuter-, Beeren- und Obstessenzen in Gin ein. Sie mixt einen Drink hunderte Male, bevor sie die richtige Nuance gefunden hat. Selbst das Londoner Ritz Hotel klopfte schon an ihre Tür: Für das exklusive Haus erfand sie den »Earl Grey Martini«, einen mit Teeblättern versetzten Gin-Longdrink, der mit Zitronensaft und Eiweiß gemischt wird. Für den hauseigenen »Pegu Club Cocktail« mixt sie London Dry Gin, Angosturabitter, Orangenbitter, Orange Curaçao und frischen Limettensaft. Für die italienische Luxusdesignerin Miuccia Prada ist New York das Epizentrum der Welt. So benannte sie deshalb ihr Geschäft auf der Prince Street, in der früher das Guggenheim Museum eine Zweigstelle betrieb. Der berühmte niederländische Architekt Rem Koolhaas gestaltete den riesigen Verkaufsraum und kreierte dafür eine Rampe, die manche Kritiker als die größte

Skateboardbahn in der Geschichte eingestuft haben. Vereinzelt hängen auch Kleidungsstücke herum, die wie Kunststücke ausgestellt werden.
Die amerikanische Designerin Kate Spade startete 1993 von ihrem kleinen Geschäft in der Thompson Street ihren Siegeszug durch Amerika. Innerhalb weniger Jahre konnte sie sich als Amerikas erster Name in Sachen Taschen etablieren. Sie ist für ihre klassischen, jedoch auch praktischen Kreationen in gewagten Farben bekannt. In ihrem »Flagship Store« in der Broome Street verkauft sie auch noch Schuhe, Schals und Sonnengläser im schicken Retro-Look.
Am besten verkörpert jedoch ein Möbelgeschäft auf der Wooster Street den Spirit von SoHo. Die Designerin Sabrina Schilcher bietet hier handverlesenes Mobiliar ohne viel Firlefanz an. Hochkarätige Kunden wie die in der Nähe lebende Gwyneth Paltrow begeistern sich dafür. »Property«, nannte Schilcher ihren Laden, was so viel heißt wie »Besitz« oder »Liegenschaft«. Künstler, die vor 40 Jahren hier die Lagerhäuser besetzten und ihre Lofts nicht verkauften, besitzen jetzt ein Vermögen.

Zeit für SoHo

Sehen und Erleben

Broken Kilometer, 393 West Broadway. Walter De Marias fast 19 Tonnen schwere Skulptur.
Earth Room, 141 Wooster St. Walter De Marias kontemplative Kunstwerke laden zum Meditieren ein.
Donald Judd Foundation, 101 Spring St. Früheres Wohnhaus des Minimalisten. Zeigt wie New Yorker Künstler in Lofts wohnten.
Gusseisen- und andere sehenswerte Häuser, »Little Singer Building«, 561–563 Lower Broadway; »Haughtwout Building«, 488–492 Lower Broadway; »King of Greene Street«, 72–76 Greene St.; »Queen of Greene Street«, 28–30 Greene St.
40 Mercer Street. Jean Nouvels Mondrian-Gebäude.

Übernachten

Mercer Hotel**, 147 Mercer St., Tel. 0212-9666060, Fax 0212-9653838, reservations@mercerhotel.com, www.mercerhotel.com.** Seit 1997 das erste Hotel in Soho
60 Thompson**, 60 Thompson St., Tel. 0877-4310400, Fax 0212-4310200, info@thompsonhotels.com, www.thompsonhotels.com.** SoHos neuestes Luxushotel. Modernes Gebäude, tolle Dachterrasse.

Sohotel*, 341 Broome St., Tel. 0212-2261482, Fax 0212-2263525, info@thesohotel.com, www.thesohotel.com.** Renoviertes Hotel in historischem Ambiente.

Essen und Trinken

Raoul's, 180 Prince St., Tel. 0212-9663518. Das beste Bistro in SoHo.
Fanelli's Cafe, 94 Prince St., Tel. 0212-2269412. Zweitältester Pub in New York, seit 1847.
Bun Soho, 143 Grand St., Tel. 0212-4317999. Vietnamesische Tapas mit kreativen Saucen.

Ausgehen

Pegu Club, 77 West Houston St., 2. Stock, Tel. 0212-4737348. Die besten Cocktails von New York auf Ginbasis, Jazzmusik.
Ear Inn, 326 Spring St., Tel. 0212-4737348. Skurrile, alte Bar mit vielen Antiquitäten.

Shopping

Prada, 575 Broadway. Rem Koolhaas entwarf den riesigen Verkaufsraum für den italienischen Luxusladen.
Kate Spade, 454 Broome St. Der Vorzeigeladen der amerikanischen Handtaschendesignerin.
Property, 14 Wooster St. Coole Möbel für hochkarätige Kunden.
Kiteya, 464 Broome St. Traditionelles Kunsthandwerk, Papier und Bekleidung aus Kyoto.
Hans Koch, 174 Prince St. Handtaschen im Bauhausstil.
Mariebelle Sweets, 484 Broome St. Schokoladenladen und Teesalon wie im Frankreich der Belle Époque.

U-Bahn-Stationen

Prince Street (N, R, W), Spring Street (6, C, E).

46 Downtown

Kitsch und Cappuccino
Chinatown und Little Italy: Schmelztiegel der Kulturen

In der Gegend um die Canal Street treffen chinesische Souvenirläden mit billigem Tand auf ehemalige italienische Mafialokale. Zum Mittagessen gibt es Pekingente und zum Nachtisch Gelato.

Einmal im Jahr lassen es die Bewohner von Chinatown so richtig krachen. Wenn sie zwischen dem 20. Januar und dem 21. Februar Neujahr feiern, schleudern sie Tausende von Knallfröschen rund um die Canal Street auf den Boden. Die Götter steigen an diesem Tag angeblich vom Himmel auf die Erde herab. Riesige bunte Drachen mit wildem Ausdruck tanzen durch die Straßen. Tschinellen und Gongs erschallen so laut, als wollten sie die Schneeflocken vertreiben. Und viele der 200 Restaurants setzen Spezialitäten auf die Speisekarte, die Glück und Wohlstand bringen sollen: Acht-Schätze-Kräutersuppe mit Schweinerippchen und klebrigen Nian-Gao-Kuchen, der dem Küchengott den Mund stopfen soll, damit er die Familie vor den anderen Göttern nicht schlecht macht.

Kochen und Essen hat in der größten chinesischen Siedlung außerhalb des Landes der Mitte eine große Bedeutung. Besonders am Samstag zur Mittagszeit. Auch Hunderte nicht chinesische Besucher stellen sich dann bei Dim-Sum-Restaurants wie Jing Fong in der Elizabeth Street an. Eine Rolltreppe führt sie in den ersten Stock in einen riesigen Bankettsaal, in dem die Gäste an runden Zwölfertischen zusammengesetzt werden. Kellnerinnen rollen gläserne Servierwagen mit vielen kleinen Tellern und Bambuskörben zwischen den Tischen hin und her. »Dim Sum« sind kleine gedämpfte oder frittierte Häppchen, die ursprünglich in den Teehäusern auf der Seidenstraße als Wegzehrung gereicht wurden. Zum Großteil sprechen die Bedienungen kein Englisch. Das macht aber nichts, denn ein Fingerzeig reicht und schon landen die mit Krevetten- oder Schweinefleisch gefüllten Klößchen, Teigtäschchen und Jungzwiebelpfannkuchen auf dem Tisch. Ganz Mutige trauen sich sogar an »Fung Zao«, gebratene Hühnerkrallen in Sojasauce.

Chinatown in Manhattan entwickelte sich seit der Mitte des 19. Jahrhunderts, als erste chinesische Einwanderer in die Stadt kamen, die zuvor am Bau der amerikanischen Eisenbahn

1 Freundlich lächelt der dicke Buddha. Er dient vielen Restaurants als Maskottchen und Glücksbringer. **2** Barkeeper in Little Italy sprechen oft eher spanisch als italienisch. **3** New Yorker kaufen in Chinatown gern exotisches Obst und frische Fische. **4** Auch billiger Schmuck findet sich auf der Canal Street.

1 Im Police Building in Chinatown wohnen viele Celebrities. **2** Auf der Mulberry Street duftet die Pizza. Diese Allerweltsspeise verkauft sich als »uritalienisch«, wurde jedoch in New York erfunden. **3** Schönheitsreklame auf der Canal Street. **4** Innovative vietnamesische Küche im Bun auf der Grand Street.

mitgearbeitet hatten. Nach dem II. Weltkrieg wuchs die chinesische Gemeinde so sprunghaft an, dass sich viele von ihnen in Wohnhäuser einmieteten, die traditionellerweise im Besitz der italo-amerikanischen Gemeinde standen. Wer heute durch die Straßen von Chinatown schlendert, fühlt sich wie auf einem bunten Jahrmarkt. Lebendige Aale schlängeln sich in den Körben der Fischgeschäfte. Mechanische Papageien plappern aus billigen Krimskramsläden. Stachelige Durian-Früchte verbreiten in den Gemüseläden ein exotisches Aroma. In den Teesalons des 20. Jahrhunderts ist »Bubble Tea« der Renner: Junge Leute saugen süße Tapiokaperlen mit Strohhalmen aus diesem Eistee.

Der Fußgängerverkehr auf der Canal Street kommt tagsüber dem der Fifth Avenue in Midtown gleich. Mit ihren Rufen »Handbag, Chanel, Louis Vuitton, Prada, come inside«, locken die Verkäufer kaufwütige Damen in ihrer Verkaufsräume. Die Luxustaschenimitate sind bei der Polizei schlecht angeschrieben. Hin und wieder

Zeit für Chinatown, Little Italy

Sehen und Erleben

Chinesisches Neujahr, Januar/Februar. Im Internet das genaue Datum suchen.
Feast of San Gennaro. Größtes italo-amerikanisches Fest in New York. Genaues Datum unter www.sangennaro.org.
Museum of Chinese in America (MOCA), 211–215 Centre St., Tel. 0212-6194785, www.mocanyc.org. Dieses Museum versechsfachte im Jahr 2009 seine Fläche, nachdem es in ein von Stararchitektin Maya Lin entworfenes Gebäude gezogen ist.
Mahayanna Buddhist Temple, 133 Canal St. Dieses rot-goldene Gebetshaus rühmt sich der größten Buddhastatue in der Stadt. Jedem ist der Eintritt gestattet.

Übernachten

Best Western Bowery Hanbee Hotel***, 231 Grand St., Tel. 0212-9251177, Fax 0212-9255533, info@bw-boweryhanbeehotel.com, www.bw-boweryhanbeehotel.com. Renoviertes, günstiges Hotel. Besonders geeignet für Familien.

Essen und Trinken

Jin Fong, 20 Elizabeth St., Tel. 0212-9645256. Riesiges Dim-Sum-Restaurant. Tonnenweise Shrimp Dumplings.
Peking Duck House, 28 Mott St., Tel. 0212-2271818.
Joe's Shanghai, 9 Pell St., Tel. 0212-2338888. Berühmt für seine Klößesuppe.
Vegetarian Dim Sum House, 24 Pell St., Tel. 0212-5772008. Auch für Veganer geeignete Gerichte.
Mulberry Street Bar, 176 ½ Mulberry St., Tel. 0212-2269345. Hier wurden viele Mafiafilme gedreht.
Lombardi's, 32 Spring St., Tel. 0212-9417994. Die erste Pizzeria der USA.

Shopping

Pearl Paint, 308 Canal St. Alles für den Künstlerbedarf.

U-Bahn-Stationen

Canal Street (A, C, E und N, R), Spring Street (6).

kommt es auch zu Razzien. Das mindert aber die Nachfrage nicht. Ebenfalls in der Canal Street ist »Pearl Paint« beheimatet. Von filigranem Reispapier bis zu 14 Arten von Bleistiftspitzern findet sich hier alles, was ein Künstlerherz höherschlagen lässt.

»Little Italy« erstreckt sich heute hauptsächlich um die Mulberry Street nördlich von der Canal Street. Obwohl die Nachfahren der ursprünglichen Einwanderer nach Brooklyn, Queens, New Jersey und Long Island gezogen sind, erinnert das über die Straßen gespannte rot-weiß-grüne Lametta an Zeiten, in denen hier vorwiegend Neapolitanisch gesprochen wurde. An der Theke der Mulberry Street Bar standen schon seit dem Jahr 1908 echte Mafiosi. In jüngerer Zeit fanden sich hier die Film-Gangster ein: Frank Sinatra, Al Pacino und Mickey Rourke. Von »Lombardi's« in der Spring Street trat eine italienische Spezialität ihren Siegeszug in die ganze Welt an: Das kleine Lokal verkaufte als erstes in den USA Pizza! Der kulinarische Einfluss der Apenninen-Halbinsel auf Amerika wird beim mehrtägigen San-Gennaro-Straßenfest im September zelebriert, indem die Statue des Heiligen durch die Gegend getragen wird. Nach dem Ave Marie tönt die Tarantella-Musik aus den Lautsprechern. Ob Italiener oder Chinese, die Feste müssen gefeiert werden, wie sie fallen.

Zurück zu den Wurzeln!
Lower East Side: Das jüdische Erbe

Die Gegend um die Orchard Street war einst die erste Anlaufstelle jüdischer Einwanderer. Lokale wie »Katz's Delicatessen« und »Russ & Daughters« erinnern an die Zeit. Schicke Lokale ahmen heute die Fin-de-Siècle-Atmosphäre nach.

Shalom, New York! Weder Jerusalem noch Tel Aviv können sich der weltweit größten jüdischen Einwohnerzahl rühmen. Dieses Attribut gebührt ganz allein dem »Big Apple«. Zwölf Prozent der Gesamtbevölkerung, sprich über eine Million Bewohner, haben jüdische Wurzeln. Als ihre Vorfahren zum ersten Mal Ende des 19. Jahrhunderts ihren Fuß auf amerikanischen Boden setzten, siedelten sich viele von ihnen auf der Lower East Side an. Diese Gegend in Downtown Manhattan ist von der East Houston Street im Norden, dem East River im Osten, der Delancey Street im Süden und der Chrystie Street im Westen begrenzt. 150000 Menschen lebten hier einst pro Quadratkilometer, was den Bezirk vor über 100 Jahren zum weltweit am dichtesten besiedelten machte.

»Hat Bubbys Bubby wirklich einmal so eng mit anderen Leuten zusammenwohnen müssen?«, erkundigt sich die kleine Naomi aus Chicago über ihre Ururgroßmutter. Sie besucht mit ihren Eltern das Tenement Museum, ein Zinshaus in der Orchard Street, das von 1863 bis 1935 rund 7000 Einwanderer in 20 kleinen Wohnungen beherbergte. Von den Wänden blättern 18 Schichten Tapete ab. Naomi und die anderen der Gruppe erfahren die Geschichte verschiedener Familien, die in diesem Gebäude gewohnt haben. Die preußische Familie Gompertz zum Beispiel zog 1872 hier ein. Vater Julius verschwand jedoch 1874 spurlos, und seine Frau Natalie brachte die vier Kinder mit Näharbeiten durch. Die Singer-Maschine im Wohnzimmer erinnert daran, dass Natalie oft bis tief in die Nacht nähen musste. Und das beim Schein der Petroleumlampe, denn Strom kam erst Anfang des 20. Jahrhunderts in die Orchard Street.

Die Straßen rund um das heutige Tenement Museum barsten einst vor Menschen. Hausierer zogen mit Handkarren durch die Straßen. Kesselflicker schlugen lautstark auf Töpfe, damit Frauen ihre Hauswaren zum Reparieren brachten. Aus den Läden drang der Geruch von Essiggurken. Ein Teller davon steht auch heute noch auf jedem Tisch von »Katz's« in der East

1 Beginn der Barnacht im Hotel on Rivington. **2** Coole Handschuhe bei Project No. 8 auf der Division Street. **3** Jüdische Köstlichkeiten bei Katz's. **4** Aussicht vom Hotel on Rivington.

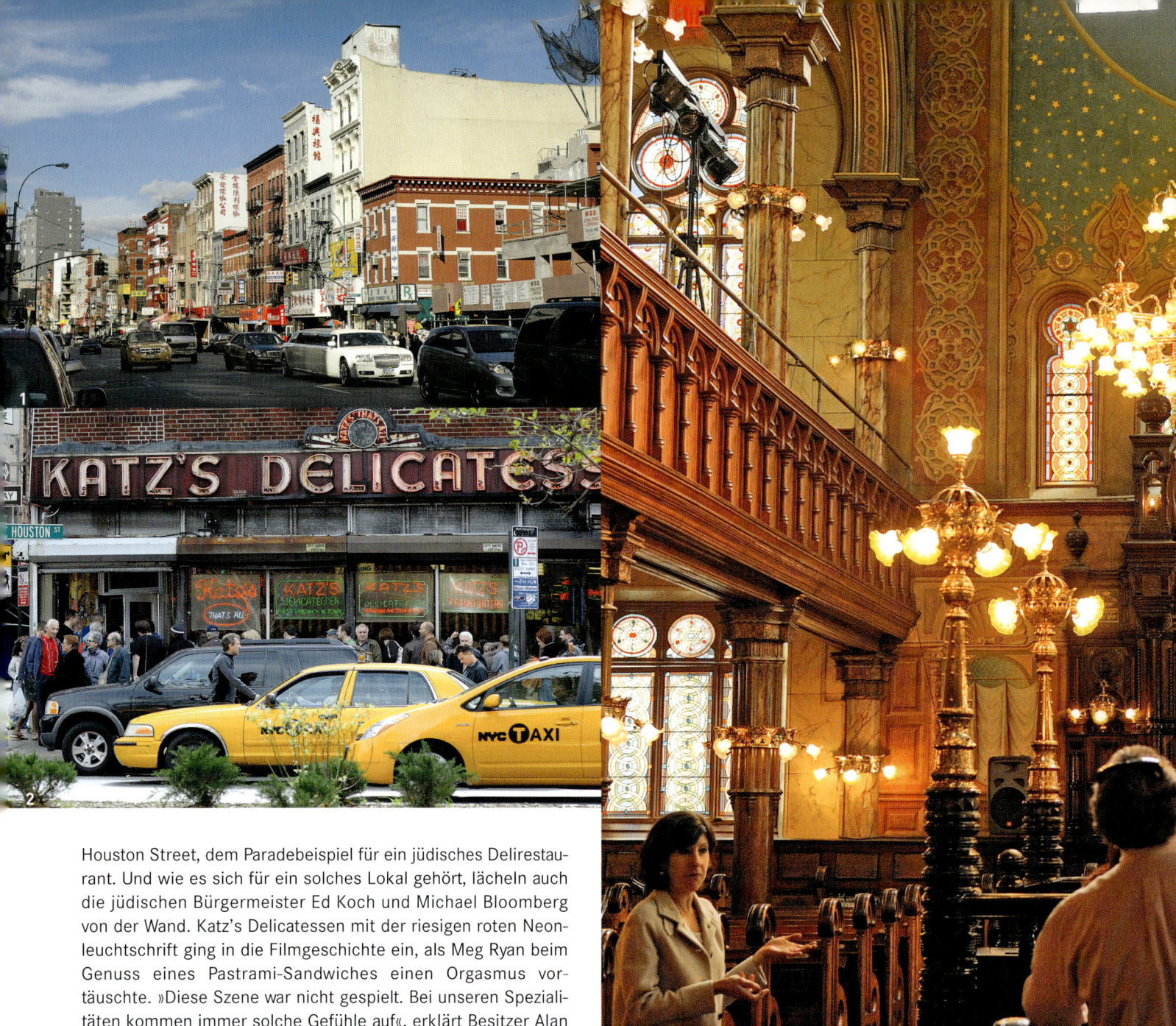

Houston Street, dem Paradebeispiel für ein jüdisches Delirestaurant. Und wie es sich für ein solches Lokal gehört, lächeln auch die jüdischen Bürgermeister Ed Koch und Michael Bloomberg von der Wand. Katz's Delicatessen mit der riesigen roten Neonleuchtschrift ging in die Filmgeschichte ein, als Meg Ryan beim Genuss eines Pastrami-Sandwiches einen Orgasmus vortäuschte. »Diese Szene war nicht gespielt. Bei unseren Spezialitäten kommen immer solche Gefühle auf«, erklärt Besitzer Alan Dell mit einem Augenzwinkern. Rueben Sandwiches gibt es hier. Sie sind dick mit Corned Beef, Käse, Sauerkraut bestückt und mit russischem Cremedressing verfeinert.

Als noch viel mehr Menschen koscher kochten als heutzutage, wurden in »Delicatessen«-Läden wie »Katz's« nur Fleisch und Wurst verkauft. Wollte man Fisch, ging man in »Appetizing Stores« wie »Russ & Daughters«, ebenfalls in der East Houston Street. Es ist das letzte seiner Art auf der Lower East Side. Im chromverbrämten Laden schmieren Verkäufer dicke Schichten Weißfischaufstrich auf New Yorks beliebtestes Gebäck, den Bagel. Diese schwerteigigen Brötchen mit dem Loch in der Mitte werden vor dem Backen gekocht und sind dann knusprig und saftig zugleich. Räucherlachs und eingelegter Hering verbreiten ihr volles Aroma im Raum. Angeboten werden hier auch vielerlei Arten von Fischeiern. Ob der grüne Wasabi-Kaviar wohl auch koscher ist?

Als 1887 die »Eldridge Street Synagogue« in der gleichnamigen Straße als erstes Gebetshaus der osteuropäischen jüdischen Gemeinde ihre Pforten öffnete, drängten sich Tausende in ihren Räumen. Sie diente als Zentrale, um die Neuankömmlinge zu Verwandten zu lotsen und ihnen Arbeit und Unterkunft zu verschaffen. Edel sind ihre der Kathedrale von Notre Dame nach-

1 Alte Zinshäuser auf der Lower East Side. **2** Meg Ryan hatte in »Harry & Sally« ihren »Orgasmus« bei Katz's. **3** Detailgetreu restauriert wurde die Eldridge Synagogue. **4** Ausgesuchte Edelware bei Project No. 8.

Jedes Zimmer ist nach einem Filmstar aus der Zeit benannt, als die Bilder laufen lernten. Das Marx-Brothers-Zimmer verfügt über eine große Terrasse mit Blick über ganz Lower Manhattan. An der Rezeption stehen DVDs der Klamaukbrüder zur Verfügung. Zum Frühstück werden gratis Bagels und Bialys serviert, frisch von »Kossar's Bakery« in der Grand Street.

Als Simon Hammersteins Ururgroßvater Oscar 1864 aus Stettin in New York einwanderte, fegte er zuerst Böden in einer Zigarrenfabrik. Zehn Jahre später war er selbst ein reicher Tabakfabrikant. Da er aber immer der Kunst zugeneigt war, baute er ab 1889 mehrere Theater, darunter auch eines am Longacre Square, dem späteren Times Square. Oscars gleichnamiger Enkel ging als einer der bedeutendsten Musical-Librettisten in die Geschichte ein. In Zusammenarbeit mit dem Komponisten Richard Rodgers lancierte er Erfolge wie »Der König und ich« am Broadway. Mit seinem Nachtklub »The Box« in der Chrystie Street schlägt Simon Hammerstein eine Brücke in die Zeit, als sein Ururgroßvater schweren Herzens seine Theater Vaudeville-

empfundene Rosette, die Davidsternmosaike und Edelholzböden. Sie kündeten davon, dass viele der Nachkommen der jüdischen Einwanderer es in der Stadt weit bringen würden.

Ein altes Zinshaus in der Orchard Street wandelte die Settenbrino-Familie in das Blue Moon Hotel um. Auf die ursprünglich fünf Stockwerke setzten sie noch drei weitere drauf. Sie brachten das hölzerne Treppengeländer, die Wandtäfelung und die schweren Flügelfenster auf Hochglanz und statteten die Zimmer mit schmiedeeisernen Betten und gemütlichen Ledersofas aus.

1 Beste Aussichten von der Standard Suite im Hotel on Rivington.
2 Die Thor Bar – wie angelt man sich einen Macho-Gott? **3** Der höhlenhafte Eingang zum Hotel on Rivington. **4** Coole Cocktails gehören in New York zum täglichen Leben. **5** Der hoteleigene Friseursalon.

Spektakeln zur Verfügung stellte, die mehr Einnahmen brachten als seine geliebten Opern. Am Freitag und Samstag ist in dem perfekt auf alt getrimmten kleinen Theater die Hölle los. Master of Ceremonies Raven O führt durch das Programm. »What's up, motherfuckers«, schreit er ins dicht gedrängte Publikum. Seinen athletischen Körper hat er in einen weißen Smoking geworfen, das Hemd ließ er jedoch daheim. Unter seiner Jacke lugt sein Waschbrettbauch hervor. Der ehemalige Cirque-du-Soleil-Performer wirbelt mit den Hammerstein Beauties im Cancan über die Bühne. Ihre Beine sind unglaublich lang, so wie sie nur Supermodels und -männer haben. Da Supermodels eine zu hohe Gage verlangen würden, stellte »The Box« gleich perfekt auf Frau gestylte Dragqueens an. Ein erstauntes »Oh« geht durch den Raum, als Flambeaux, der Weltrekordhalter im längsten Feuerschlucken, ein paar riesige Flammen verschlingt. Die Harlem James Gang ist zwar in Knickerbockerhosen wie vor 100 Jahren gekleidet, doch mixen sie in ihrer Tanz- und Gesangsnummer Hip-Hop-Reime mit Soul Music.

Wer in solch einer Nacht noch Durst bekommt, sollte im »Back Room« in der Norfolk Street vorbeischauen. Mit ihrer rot-goldenen Brokattapete und schummrigem Licht macht die im Besitz von Hollywoodschauspieler Tim Robbins befindliche Bar ganz auf

Jahrhundertwendebordell. In den 20er-Jahren war sie auch einmal ein »Speakeasy«, ein geheimer Alkoholausschank. Cocktails werden hier wie zur Zeit der Prohibition in Kaffeetassen serviert. Ob die Polizei diesem Trick wirklich auf den Leim ging?

Dass auf der Lower East Side auch Platz für Neues ist, beweisen das hypermoderne Hotel on Rivington und das New Museum. Das Glasturmhotel fügt sich erstaunlich gut in die Ziegellandschaft. Die beste Aussicht genießen Gäste ab dem zwölften Stockwerk. Zimmer 184, ein »Unique King«, bietet sogar zwei verschiedene Stadtansichten. Einzigartig in New York: Zwei Drittel der Zimmer haben eine Privatterrasse.

Das New Museum in der Bowery sieht so aus, als hätte ein Riesenkind ein paar Kartons ungeschickt aufeinandergestapelt. Dieses scheinbare Ungleichgewicht hat jedoch Methode: Dadurch, dass jedes Stockwerk ein bisschen weiter zurückgesetzt ist, gewinnt das darunter liegende Geschoss eine Zeile von Glasdachfenstern. Das vom japanischen Architektenteam Sanaa gestaltete Museum ist der Gegenwartskunst gewidmet. Ausstellungen mit witzigen Titeln wie »Jünger als Jesus« stellen Künstler vor, die alle unter 33 sind. Noch ein paar Jahre weiter und sie landen vielleicht im Museum of Modern Art oder im Metropolitan Museum.

Zeit für Lower East Side

Sehen und Erleben

Tenement Museum, 108 Orchard St., Tel. 0212-9828420, www.tenement.org. Zeigt die urbane Wohngeschichte von New Yorker Einwanderern eindrucksvoll auf. Nur mit Führung zu besichtigen.
Eldridge Street Synagogue, 12 Eldridge St., Tel. 0212-2190888, www.eldrigdestreet.org. Eklektisches Gotteshaus mit maurischen und gotischen Elementen. Nur mit Führung So–Do 10–16 Uhr zu besichtigen.
New Museum, 235 Bowery, Tel. 0212-2191222, www.newmuseum.org. New Yorks erste Adresse für Gegenwartskunst.

Übernachten

Hotel on Rivington**, 107 Rivington St., Tel. 0212-4752600, Fax 0212-4755959, info@hotelonrivington.com, www.hotelonrivington.com.** Hypermoderner Glaspalast mit herrlichen Aussichten.
Blue Moon Hotel**, 100 Orchard St., Tel. 0212-5339080, Fax 0212-5339148, info@bluemoon-nyc.com.** Liebevoll renoviertes Zinshaus mit hübschen architektonischen Details und komfortablen Zimmern.

Essen und Trinken

Katz's Delicatessen, 205 East Houston St., Tel. 0212-2452246. Original erhaltener jüdischer Sandwichladen. Orgasmusszene im Film »Harry und Sally« spielt hier.
WD-50, 50 Clinton St., Tel. 0212-4772900. Wirkstätte von Wylie Dufresne, einem der kreativsten Köche des Landes.

Ausgehen

The Box, 189 Chrystie St., Tel. 0212-9829301, www.theboxnyc.com. Ultimativer Nachtklub.
Back Room, 102 Norfolk St., Tel. 0212-2285098. Bar im Stil eines Jahrhundertwendebordells. Zutritt erst ab 25 Jahren.
East Side Company, 49 Essex St., Tel. 0212-6147408. Wie der »Back Room« tarnt sich diese Bar als »Speakeasy«.

Shopping

Russ & Daughters, 179 East Houston St., Tel. 0212-4754880. Original erhaltenes jüdisches Fischgeschäft.
Essex Street Market, 120 Essex St. Bürgermeister LaGuardia ließ 1940 diesen Markt bauen, um Straßenhandel zu unterbinden. Amerikanischer Brunch bei »Shopsin's General Store« (Mo–Sa).
Project No. 8, 138 Division St., Mo geschlossen. Kleines Geschäft mit Klamotten der coolsten Avantgarde-Designer (Claudia Hill, ROB-ERT, A Détacher).

U-Bahn-Stationen

Lower East Side/2 Avenue (F), Grand Street (B, D), Delancy/Essex Street (F), East Broadway (F).

La Vie Bohème
East Village: Gammelei als Lebensstil

Wo einst Punkmusiker mit Igelfrisur in rattenverseuchten Wohnungen hausten, bauen sich junge Leute mit Treuhänderfonds Penthouse-Lofts. In der Gegend gibt es aber noch immer Kunst-Happenings, angesagte Bars und preisgünstige Restaurants.

Was der Montmartre für Paris Ende des 19. Jahrhunderts bedeutete, war das East Village für New York im ausgehenden 20. Jahrhundert: Tausende Avantgardekünstler in einer billigen Wohngegend, Kreativität, freie Liebe und ein Bruch mit der bürgerlichen Moral. Hundert Jahre nachdem Giacomo Puccini mit seiner im Montmartre angesiedelten Oper »La Bohème« einen Welterfolg feierte, adaptierte der New Yorker Komponist Jonathan Larson den Stoff 1996 für das Rockmusical »Rent«. Seine Bohemiens lebten in den fünfstöckigen, rot geziegelten Zinskasernen des East Village und sangen sich auf der Feuerleiter fast die Seele aus dem Leib. Larsons Mimi litt nicht an Tuberkulose, sondern an AIDS. Trauriegerweise imitierte das echte Leben das Musical: Einen Tag nachdem Jonathan Larson der renommierten »New York Times« ein Interview gegeben hatte, verstarb er an einem Herzaneurysma. Seine Rockoper spielte am Broadway 280 Millionen Dollar ein.

Der Musicaltitel »Rent« kommt nicht von ungefähr. Ein Immobilienhai hat das Wohngebäude der jungen Bohemiens gekauft und jagt jetzt seiner Miete hinterher. In den 90er-Jahren wurde es nämlich zusehends chic, in die Gegend östlich vom Washington Square zu ziehen. Die Apartmentpreise vom Broadway bis zur Avenue C zwischen der East Houston und der 14th Street schnellten rasant in die Höhe. Heute zahlt man selbst für eine Einzimmerwohnung mehrere Tausend Dollar Miete.

Dennoch hat sich das East Village seinen künstlerischen Charme erhalten. Im Bowery Poetry Club und im Nuyorican Poets Café reimen wortgewaltige Rastas mit langen Dreadlocks »tyranny« auf »virginity« und »liberty«. Performance-Künstler treten auch in der Kirche St. Mark's in the Bowery auf. Sie wurde 1799 an jener Stelle gebaut, wo Pieter Stuyvesant, der letzte Gouverneur von New Amsterdam, einen Bauernhof betrieb. Stuyvesant liegt auf dem kleinen Friedhof von St. Mark's begraben. Ein riesiger Skandal spielte sich im Jahr 1969 ab: Von

1 Graffiti – Ausdruck vieler Straßenkünstler. **2** Auch alte Zinshäuser wurden früher hübsch gestaltet. **3** In der Lime Light Disco wird bauchfrei getanzt. **4** Surrealistische Töne schlägt die Wandmalerei auf der Houston Street an.

dieser freidenkerischen episkopalen Kirche wurde die erste Rock-'n'-Roll-Messe live im amerikanischen Fernsehen übertragen. Auch heute nährt der Pastor noch die Subkultur: Neben Tanz- und Poetry-Events werden Vorträge beispielsweise auch über 9/11-Verschwörungstheorien gehalten.

Der Maler James De La Vega führt die Straßenkunsttradition der an Aids beziehungsweise einer Drogenüberdosis verstorbenen East-Village-Überstars Keith Haring und Jean-Michel Basquiat fort: Er verschönert New York mit Graffiti und klugen Sprüchen. In seinem Geschäft am St. Marks Place hängen Hunderte kleine gerahmte Bilder, Postkarten und T-Shirts mit Aufschriften wie »Stolz zerstört die meisten Beziehungen« und »Lebe deinen Traum«.

Als der Musikklub CBGB 2006 seine Türen schloss, trauerten Punkrocker auf der ganzen Welt. Ihr Musikstil wurde in diesem Kellerlokal 1974 geboren, als die Ramones in wildem Tempo ihre Texte ins Mikrofon schrien. Junge Leute mit bunten Igelfrisuren, die bereits die Enkel der Ramones sein könnten, laufen heutzutage am St. Marks Place herum und shoppen in den ausgeflippten Läden. Auf der inoffiziellen Hauptstraße des East Village und in ihren Seitenstraßen finden sie viele kleine kreative Lokale, deren Gerichte sich auch Punks leisten können. »Dumpling Man« Lucas Lin knetet jeden Tag Teig für chinesische Klöße und füllt sie mit Krevetten und Kokosmilch. Maribel Araujo backt in ihrer Caracas Arepa Bar saftige Brötchen aus Maismehl und löffelt jede Mengen schwarze Bohnen, Hackfleisch und weißen venezolanischen Käse darauf. In ihrem freundlichen, hellen Lokal »s'mac« hat sich Sarita Ekya auf »American comfort food« eingeschossen: Sie bereitet »macaroni & cheese« zu, eine Leibspeise von Kindern im Vorschulalter, jedoch verfeinert mit Manchego-Käse und Shiitake-Pilzen. Am Astor Place wird nach Rezepten von »Original Soup Man« Al Yeganeh gekocht. In einer Episode der Fernsehserie »Seinfeld« wurde er als »Soup Nazi« parodiert. Obwohl er darüber erbost war, setzte er die Idee seines Suppenladens in ein erfolgreiches Franchising-Konzept um. Hungrige laben sich an einer »Chicken Gumbo«, einer würzigen Hühnersuppe aus New Orleans.

Der ungekrönte König der Food-Szene im East Village ist jedoch David Chang. Der junge Küchenchef wurde in den letzten Jahren mit zwei James Beard Awards ausgezeichnet, den Oscars in der Gastronomie. In seiner Momofuku Noodle Bar zaubert Chang eine köstliche japanische Ramensuppe mit scharfem koreanischem Kimchi-Krautsalat und Schweineschulterstücken in Win-

lehnsessel verbreiten »old world charm«, wie man das in den USA nennt. Alle Zimmer haben Fenster, die vom Boden bis zur Decke reichen. Besonders Kluge bestellen sich ein Eckzimmer, von dem aus sie verschiedene Seiten von Manhattan überblicken.
Im Gegensatz dazu kündigt das Cooper Square Hotel an, dass architektonisch neue Zeiten im East Village angebrochen sind. Der deutsche Unternehmer Klaus Ortlieb verwirklichte sich hier den Traum vom eigenen Hotel. Der Weg dahin war nicht leicht: Drei Mietshäuser wollte er dafür abreißen lassen. In einem der drei weigerten sich zwei Bewohnerinnen jedoch auszuziehen. Aufgrund der mieterfreundlichen Gesetze mussten sie das auch nicht tun. Der findige Architekt Carlos Zapata schloss ihr Haus einfach an seinen Neubau an. Wenn die Damen es jetzt betreten, werden sie vom Concierge begrüßt. Von hier aus geht es in den Glas- und Alumi-niumpalast. 145 eher kleinere Zimmer finden sich hier. Von den Zimmern in den obersten Stockwerken kann man sogar die beleuchteten Brücken von Lower Manhattan sehen. Andere wiederum geben einen Blick frei auf das East Village, wie es leibt und lebt: Unterhosen flattern hier auf Wäscheleinen im Wind, so als würden die Bohemiens aus »Rent« gleich über die Straße wohnen.

Zeit für East Village

Sehen und Erleben

Merchant's House Museum, 29 E. 4th St., Tel. 0212-7771089, www.merchantshouse.org. Original erhaltenes Einfamilienhaus aus dem Jahr 1832, mit Inneneinrichtung.
St. Mark's Church in the Bowery, 131 E. 10th St. Episkopale Kirche aus dem Jahr 1799 mit freidenkerischem Kulturprogramm.

Übernachten

Bowery Hotel****, 335 Bowery, Tel. 0212-5059100, Fax 0212-5059700, info@bohonyc.com, www.theboweryhotel.com. Diesem exklusiven Neubau haftet der Charme von »Old New York« an.
The Cooper Square Hotel****, 25 Cooper Square, Tel. 0212-4755700, info@thecoopersquarehotel.com, www.thecoopersquarehotel.com. Das hypermoderne Hotel unter deutscher Führung kündet von neuen architektonischen Zeiten.
St. Mark's Hotel**, 2 St. Marks Place, Tel. 0212-6740100, StMarksHotel@aol.com, www.stmarkshotel.net. Einfaches, neu renoviertes Hotel, preisgünstig.

Essen und Trinken

Belcourt, 84 E. 4th St., Tel. 0212-9792034. Französisches Bistro.
Nomad, 78 Second Ave., Tel. 0212-2535410. Spezialitäten aus Nordafrika.

Cucina de Pesce, 87 E. 4th St., Tel. 0212-2606800. Preiswertes italienisches Fischrestaurant.
Momofuku Noodle Bar, 171 First Ave., **Momofuku Ssäm Bar,** 207 Second Ave., **Momofuku Ko,** 163 First Ave. Reservierungen nur unter www.momofuku.com.
Little India. Eine Reihe von indischen Restaurants auf der Sixth Street zwischen First und Second Avenue.
Dumpling Man, 100 St. Marks Place. Chinesische Klöße mit kreativer Füllung.
Caracas Arepa Bar, 93 ½ E. 7th St. Venezolanische Maisteigbrötchen mit Bohnen und Käse.
s'mac, 345 E. 12th St. American comfort food.
The Original Soup Man, 2 Astor Place. Suppen vom Feinsten.
Moishe's Bakery, 115 Second Ave. Eine der letzten originalen jüdischen Bäckereien.
De Roberti's Pasticceria, 176 First Ave., **Veniero's,** 342 East 11th St. Italienische Leckereien.

Ausgehen

Bowery Poetry Club, 308 Bowery, www.bowerypoetry.com; **Nuyorican Poets Café,** 236 E. 3rd St., www.nuyorican.org. Zwei Cafés mit Live-Poesie-Events.
McSorley's Old Ale House, 15 E. 7th St. Einer der ältesten Pubs.

Shopping

De La Vega, 102 St. Marks Place. Kluge, witzige Graffiti-Kunst.

U-Bahn-Stationen

Astor Place (6).

Living Next Door to Carrie
Greenwich und West Village: Sweets and the City

Im romantischen Viertel westlich vom Washington Square »wohnte« Carrie Bradshaw aus der lustbetonten Fernsehserie »Sex & the City«. Auch ihr Alter Ego, Sarah Jessica Parker, fühlt sich in der Gegend wohl. Und das nicht nur wegen der »Cupcakes« aus der »Magnolia Bakery«.

66 Perry Street« schrieb in der Serie »Sex & the City« Fernsehgeschichte. Auf der Treppe zum schokoladebraunen viktorianischen Reihenhaus saß die Schauspielerin Sarah Jessica Parker und dachte als Carrie Bradshaw laut darüber nach, wieso ihr der Mann des Lebens immer durch die Finger glitt. Wenn der Schmerz gar zu arg wurde, schlenderte sie zur »Magnolia Bakery« und versüßte sich den Alltag mit einem »cupcake«, einem Biskuitküchlein, fingerdick mit rosa Buttercreme beschmiert.
Sarah Jessica Parker wohnt im wirklichen Leben nur ein paar Straßen vom Drehort entfernt, und zwar in der Charles Street. Sie fühlt sich hier wohl, weil die ruhigen Straßen des Greenwich und West Village wie jene einer englischen Kleinstadt anmuten. Nirgendwo anders in New York spüren Besucher so stark, dass das 19. Jahrhundert noch fortbesteht. Sie bewundern die liebevoll angelegten Gärtchen der Backsteinhäuser und vermissen keine modernen Wolkenkratzer.
Diese architektonisch wertvolle Gegend ist einer Katastrophe zu verdanken: Nachdem in der Wall Street, New Yorks erstem Stadtkern, 1822 das Gelbfieber ausgebrochen war, flüchteten wohlhabende Bewohner in ländliche Gebiete weiter im Norden. Sie ließen hübsche »Brownstones« errichten, Reihenhäuser mit kunstvoll verzierten Schmiedeisengittern und geschwungenen Portalen. Als Mitte des 19. Jahrhunderts jedoch eine Heerschar von Einwanderern in den Lagerhäusern am Hudson zu arbeiteten begann, trieb es die Crème de la Crème noch weiter nach Norden. In die romantischen Gässchen zog es um 1900 schließlich viele Künstler. Im Laufe der Jahre wankten Gertrud Stein, Marlon Brando, Beat-Poet Alan Ginsberg und Bob Dylan spät nachts auf dem Kopfsteinpflaster von den Bars und Cafés nach Hause.
Das Abingdon Guest House auf der Eighth Avenue entstand durch den Zusammenschluss von zwei alten Reihenhäusern.

1 Auch Punks fühlen sich im Greenwich Village wohl. **2** Am St. Patrick's Day tanzen grüne Elfen durch die Straßen. **3** Bestes Frühstück im Grey Dog Café. **4** Der Washington Square Park mit seinem gleißend weißen Triumphbogen ist das Wahrzeichen des Village.

Ziegelwände in den meisten Zimmern legen Zeugnis davon ab, dass die Häuser kurz nach der amerikanischen Revolution erbaut wurden. Einige der neun Zimmer sind noch mit einem offenen Kamin bestückt, in dem im Winter das Feuer wohlig knistert. Brautpaare auf ihren Flitterwochen bestellen das Gartenzimmer mit Terrasse schon lange Zeit im Voraus.

Wer heute neu ins West Village ziehen will, muss hohe Preise in Kauf nehmen. Der Theaterproduzent Jeff Kent erwarb seinen Brownstone glücklicherweise schon in den frühen 80er-Jahren. Er genießt den wahren New Yorker Luxus: viel Platz. Über vier lichterfüllte Stockwerke zieht sich sein Lebensbereich. In seinem riesigen Dachgarten duftet im Sommer der Oleander. Wenn er sich ein Steak auf den Grill wirft, genießt er dabei einen freien Blick auf das gesamte Empire State Building. »Ich wohne so gern im West Village, weil Leute hier nicht anonym nebeneinander dahinvegetieren«, beschreibt er sein Lebensgefühl.

Das »Village« ist hier wirklich noch ein Dorf. Nachbarn kennen einander. Jeff geht gern zu »Mr. Dennehy's«, einem irischen Pub auf der Carmine Street, in dem eingefleischte Fußballfans Samstagabend die schönsten Tore aus den europäischen Ligen bejubeln. Dann winkt er dem ukrainischen Uhrmacher und Schuster Mikhail auf der anderen Straßenseite ein freundliches Hallo und schaut beim preisgünstigen Buchladen »Unoppressive Non-Imperialist Bargain Books« vorbei, ob die letzte Che-Guevara-Biografie schon erschienen ist. Beim italienischen Konditor Rocco in der Bleeker Street um die Ecke kauft er sich einen »lobster tail«, eine hummerschwanzartige Blätterteigpastete mit Ricotta-Sahne-Creme.

Jeff Kent ist jemand, den man gern bei illustren Partys dabei hat. Wenn Donna Karan in ihrem Geschäft Urban Zen auf der Greenwich Street zu einer wohltätigen Veranstaltung lädt, dann steht er auf der Gästeliste. Für alternative Heilpraktiken und indigene Kulturen bietet die Modedesignerin abseits von ihrem Imperium hier ein Forum. Alle Kleidungsstücke tragen einen Anstrich von leger-exotisch. Kunstgegenstände kommen direkt vom Amazonas oder aus Tibet.

Donna Karan erhält sich ihre schlanke Figur, indem sie sich vor allem von rohen Lebensmitteln ernährt. Im West Village bereiten einige Restaurants Speisen nach ihren Bedürfnissen zu: In »Lima's Taste« auf der Christopher Street genießen Gäste auf neobarockem Mobiliar Ceviche, rohen Fischsalat aus Peru. Krabben, Hummer, Lachs und Thunfisch werden nur in Limettensaft

1 Jeff Kent – Herr über einen riesigen Brownstone mitten im Village. **2** Italienische Spezialitäten bei »Faicco's«. **3** Studenten der New York University machen Pause. **4** In einem solchen alten Reihenhaus »wohnte« »Sex & the City«-Kultfigur Carrie Bradshaw. **5** Das »Caliente Cab« ist seit Jahrzehnten eine beliebte Tequila-Tankstelle.

milch. Nach zehn Uhr abends verwandelt sich das Restaurant in einen hippen Treffpunkt. DJs spinnen hier House Music und Favela Funk.

Eine der Hauptstraßen des West Village ist die Bleeker Street. Hier reihen sich Tätowierläden an exklusive Herrenausstatter. Die Bleeker Street führt auch geradewegs ins Herz von Greenwich Village. Studenten ruhen sich auf den Parkbänken des Washington Square aus. Zentrum des Platzes ist der weiße Triumphbogen aus dem Jahr 1889. Er wurde anlässlich der 100-Jahr-Feier der Vereidigung George Washingtons zum ersten amerikanischen Präsidenten errichtet. Beaux-Arts-Architekt Stanford White, der für die oberen Zehntausend arbeitete, empfand den Triumphbogen dem Pariser Vorbild auf den Champs-Élysées nach.

Auch für die Judson Memorial Church am Washington Square zeichnete sich Stanford White verantwortlich. Hier ließ er den romanischen Stil wiederaufleben. Sein 50 Meter hoher Campa-

mariniert und mit Korianderblättern und Pfeffer verfeinert. »Sushisamba« auf der Seventh Avenue bringt japanische und brasilianische Fischdelikatessen auf einen Teller. Neben Seviche servieren die Kellnerinnen in dem fröhlich-farbigen Ambiente auch Sashimi und Moqueca, Krevetten in Palmenöl und Kokos-

Greenwich und West Village 65

1 Der irische Auswanderer Donal zapft bei »Mr. Dennehy's« Bier ab.
2 Vegane Spezialitäten bei »Gobo«. **3** Antik und gemütlich: das »Abingdon Guest House«. **4** Die berühmten Cupcakes der Magnolia Bakery verführen selbst das dünnste Model.

nile würde auch vorzüglich in die toskanische Landschaft passen. Die Christopher Street ist in New York als eine der Hauptstraßen der Schwulenszene bekannt. An der Stelle, wo sie sich mit der Seventh Avenue kreuzt, liegt der Sheridan Square. Hier formierte sich im Juni 1969 eine erste Bürgerrechtsbewegung von Lesben und Schwulen, nachdem die Polizei unverhältnismäßig gegen Besucher der Bar »Stonewall Inn« vorgegangen war. Heute erinnern vier weiße Figuren des Bildhauers George Segal an die Bemühungen der Demonstranten, gleichgeschlechtliche Liebe auch gesetzlich zu gestatten.

C. Ned Kell und R. X. McCarthy erlebten die damaligen Ereignisse hautnah. Seit Jahrzehnten betreibt das Paar den Antiquitätenladen Treasures & Trifles auf der Bleeker Street. Hier statten sich all jene, die in der Nähe eine Wohnung einrichten, mit prunkvollen viktorianischen Kerzenleuchtern und üppigen Kristalllüstern aus. Nackte Jünglinge aus Marmor, die Oscar Wilde gefallen hätten, stehen ebenfalls zum Verkauf bereit.

Abends beginnen Greenwich Village und das West Village richtig zu leben. Aus den Jazzklubs »Village Vanguard« in der Sixth Avenue und »Blue Note« in der West 3rd Street dringen Bebop- und Free-Jazz-Töne. Größen wie Miles Davis und Charlie Parker tra-

ten hier auf. Heutzutage begeben sich hier innovative Gruppen wie Gene Pritsker's Sound Liberation auf eine Gratwanderung zwischen Hip-Hop und Jazz und führen dieses Musikgenre in eine neue Richtung.

Wie in den großen Musiktheatern am Broadway tönt es aus den Kellerbars »Marie's Crisis« und »Duplex«. In diesen Sing-Along-Lokalen versammeln sich allabendlich Männer jeden Alters, um ihre Stimmbänder zum Schwingen zu bringen. Sanford, Carries »gay husband« aus »Sex & the City«, würde sich hier wohl fühlen. »Tits & Ass« aus dem Musical »Chorus Line« schlägt der Pianist in der Mitte des Lokals als Erstes in die Tasten. 70 Hobbysänger und professionelle Künstler mit Bühnenerfahrung schürzen die Lippen und trällern, was das Zeug hält. Sie schauen sich dramatisch in die Augen, als würde das Phantom der Oper seine Christine zum ersten Mal erblicken. »To live the impossible dream« aus »Der Mann von La Mancha« erschallt es aus ihren Mündern. Der unmögliche Traum verwandelt sich langsam in Wirklichkeit. In einigen wenigen Bundesstaaten wird die Lebenspartnerschaft von gleichgeschlecht-lichen Paaren schon gesetzlich anerkannt. Und in den Flirt-Etablissements »Marie's Crisis« und »Duplex« finden einige Sänger heute Abend vielleicht auch ihren »Mister Big«.

Zeit für Greenwich, West Village

Sehen und Erleben

Washington Square Park. Das Herz des Village. Um den Triumphbogen sammeln sich Studenten und Straßenkünstler.
Judson Memorial Church, Washington Square Park. Ein Stück Italien in New York.
66 Perry Street. Carrie Bradshaws Reihenhaus.
Stonewall Memorial, Sheridan Square/Seventh Avenue. George Segals Schwulen-Denkmal.

Übernachten

Abingdon Guest House**, 21 Eighth Ave., Tel. 0212-2435384, Fax 0212-8077473, abingdon@msn.com, www.abingdonguesthouse.com. Neunzimmerhaus mit historischem Flair.
Washington Square Hotel****, 103 Waverly Place, Tel. 0212-7779515, Fax 0212-9798373, reservations@wshotel.com. 100-jähriges Hotel im Art-déco-Stil.
The Jane*, 113 Jane St., Tel. 0212-9246700, Fax 0212-9246705, reservations@thejanenyc.com, www.thejanenyc.com. Zimmer gestaltet und eingerichtet wie Schiffskabinen, preisgünstig.

Essen und Trinken

Magnolia Bakery, 401 Bleeker St., Tel. 0212-4622572. »Sex & the City« Cupcakes.
Lima's Taste, 122 Christopher St., Tel. 0212-2420010. Peruanische Spezialitäten.
Sushisamba, 87 Seventh Ave., Tel. 0212-6917885. Brasilianisch-japanisches Fusion-Lokal mit Nachtklub.
Mr. Dennehy's, 63 Carmine St., Tel. 0212-4141223. Irische Bar mit Sportfernsehen.
Rocco's, 243 Bleeker St., Tel. 0212-2426031. Italienisches Café mit hervorragenden Cannolis.
Gobo, 401 Sixth Ave., Tel. 0212-2553902. Paradies für Veganer.
Peanut Butter & Co. Sandwich Shop, 240 Sullivan St., Tel. 0212-26778741. Erdnussbutter ist in Amerika eine Religion.

Ausgehen

Marie's Crisis, 59 Grove St.; Duplex, 61 Christopher St. Sing-Along-Kabarettbars.
Beatrice Inn, 285 W. 12th St. In diesem Nachtklub verbrachte Heath Ledger einen seiner letzten Abende.

Shopping

Bleeker Street. Souvenirs und allerlei Krimskrams.
West 8th Street. Schrille Klamotten zwischen der Sixth Avenue und Broadway.
Christopher Street. Die schwule Hauptstraße.
Urban Zen, 705 Greenwich St. Donna Karans Privatinitiative zur Verbesserung der Welt. Kleidung, Möbel, Kunst.
Treasures & Trifles, 409 Bleeker St. Kronleuchter und Kerzenständer.
Unoppressive Non-Imperialist Bargain Books, 34 Carmine St. Hochwertige Bücher zu günstigen Preisen.

U-Bahn-Stationen

West Fourth Street (A, C, E, F, V, B, D), Christopher Street (1), Houston Street (1), 8th Street NYU (N, R).

Above 14th Street

Das Flatiron Building aus dem Jahr 1902 war bei seiner Fertigstellung eines der größten Gebäude in Manhattan. Seine Formschönheit besticht auch heute noch.

Ein Hauch von Frische
Union Square: Grüne Oase im Wolkenkratzermeer

In der Gegend zwischen Union Square, Gramercy Park und Madison Square spenden alte Bäume jede Menge Sauerstoff. Auf dem Greenmarket kaufen Küchenchefs frisches Obst und Gemüse für ihre innovativen Restaurants.

Mahatma Gandhi setzt mit einem zufriedenen Lächeln zu einem Schritt über den Rasen des Union Square Parks an. Es sind nicht allein die Kerzenlichtdemonstrationen gegen den Irakkrieg, die sein Herz erwärmen. Könnte er seine bronzenen Beine wirklich bewegen, würde er schnurstracks in New Yorks vegetarisches Nirvana gelangen. Am oberen Ende des begrünten Platzes zwischen der 14. und 17. Straße und Park Avenue und Broadway verbreitet der Greenmarket einen Hauch von Frische. Am Montag, Mittwoch, Freitag und Samstag bringen Biobauern aus Upstate New York, Connecticut, Pennsylvania und Vermont ihre Ernte hierher: Tiefrote Tomaten aus Tunkhannock, Rote Bete aus Poughkeepsie und aromatisch duftende Äpfel aus Addison.
Sarma Melngailis, die Besitzerin des Rohkostrestaurants »Pure Food & Wine« übertrifft sogar Gandhi in ihrer Vorstellung von Vegetarismus. Bei »Pure« kommen nur Obst, Gemüse und Nüsse auf den Tisch, sowohl in ungekochter als auch in getrockneter Form. Keine Speise wird über 42 Grad erwärmt. Laut Rohkostphilosophie werden ansonsten wichtige Enzyme zerstört. Die hauseigene Version von Sushi besteht daher aus eingeweichten Pinienkernen und fein gehackter Jicama. Als »Fisch« fungieren eingelegte Shiitake-Pilze. In einem der schönsten Gastgärten der Stadt bestellen die Gäste auch gern eine geschmacklich raffinierte »Lasagne« aus Zebratomaten und Zucchini, mit einer Soße aus in Öl eingelegten und mit frischen Kräutern verfeinerten Tomaten und Basilikum-Pistazien-Pesto.
»Pure Food & Wine« liegt auf dem Irving Place, einer kleinen Straße mit vielen hübschen alten Gebäuden östlich des Union Square. Sie wurde nach Washington Irving (1783–1859) benannt, der mit »Rip van Winkle« das Genre der amerikanischen Kurzgeschichte begründete. »The Inn at Irving Place« könnte einer der »short stories« des Dichters entsprungen sein. Kein Schild deutet darauf hin, dass zwei Reihenhäuser aus dem Jahr 1834 in ein

1 »Max Brenner« am Union Square hat sich auf Schokolade spezialisiert. Es gibt hier fast keine Speise, in der nicht die braune Bohne enthalten wäre. **2** Das Flat Iron Building bei Sonnenuntergang. **3** Pikantes präsentiert das Museum of Sex. **4** Der Union Square und seine historischen Gebäude.

1 Taufrisches Obst beim Bauernmarkt am Union Square. **2** In der 5th Avenue am Central Park gibt es bunte Souvenirs zu kaufen. **3** New Yorker gehen gern am Union Square spazieren. **4** Feministisches T-Shirt. **5** Treffpunkt für Straßenmusikanten. **6** Wer Yoga macht, liegt im Trend.

exklusives »Bed & Breakfast« umgewandelt wurden. Hinter Spitzenvorhängen entspannen sich Gäste auf wülstigen Samtsofas und in Badewannen mit Krallenfüßen. Die geräumigste Suite ist nach Madame Olenska benannt, der Hauptgestalt aus Edith Whartons Roman »Zeit der Unschuld«. Hier können Gäste Freunde in ihrem eigenen, mit Antiquitäten bestückten Wohnzimmer standesgemäß viktorianisch empfangen. Wer jedoch »nur« mit einem »single room« vorliebnehmen muss, trifft sich mit hotelfremden Besuchern in »Lady Mendel's Tea Salon« im Erdgeschoss. Dort wird Tee wie in feinen Londoner Hotels serviert, mit Scones-Küchlein und »Clotted cream«-Sahne.

Der wohl exklusivste Park in ganz New York am nördlichen Ende von Irving Place wurde ebenfalls englischen Vorbildern nachempfunden. Zum Gramercy Park haben nur all jene Zutritt, die in den Gebäuden um den Platz wohnen. Auch Gäste von Ian Schragers noblem »Gramercy Park Hotel« erhalten einen goldenen Schlüssel. Blickt man über die hohen schmiedeeisernen Gitter, fühlt man, wie die über 100 Jahre alten Bäume die Gegend mit Sauerstoff erfüllen. Im Park sitzen einige wenige »Erlauchte« gesittet auf einer Bank und lesen ein Buch. Der Benutzerverband hat Joggen und das Installieren eines Kinderspielplatzes verbo-

ten. Wer von einem gut gesinnten Bewohner der Gegend in den Park hineingelassen wird, sei gewarnt: Den Augen der gestrengen Wächterin entgeht nichts, und schnell müssen ungebetene Gäste das Weite suchen.

Die Dachterrasse des vier Straßen entfernten »Marcel Hotel« bietet eine schöne Aussicht auf die Gegend. In der warmen Saison wird hier gratis von 18 bis 19 Uhr Wein und Käse für Hausgäste serviert. Obwohl preisgünstig, macht das Hotel in Sachen Ambiente und Service keine Abstriche. Mit seinen poppigen Zebrakissen und Knautschlacksofas spricht es ein junges und jung gebliebenes Publikum an.

Die dritte grüne Oase ist der Madison Square Park zwischen 23. und 27. Straße und Madison und Fifth Avenue. Zwischen Statuen von ernst blickenden amerikanischen Kriegshelden machen es sich Besucher bei Danny Meyers »Shake Shack« gemütlich. Bei diesem Snack-Stand wird angeblich der beste Hamburger von ganz New York gebrutzelt. Restaurantimpresario Danny Meyer besitzt mehrere Lokale rund um den Platz. Seine Haute-Cuisine-Tempel »Eleven Madison Park« und »Tabla« haben sich auf innovative französische und indische Küche spezialisiert. Sie sind beide in einem Art-déco-Gebäude der Metropolitan-Life-Versicherung untergebracht. Ein paar Häuser weiter südlich davon prangt der antike Wolkenkratzer der Firma in die Höhe. Der »Met Life Tower«, wie er gemeinhin bekannt ist, wurde dem venezianischen Cam-panile von San Marco nachempfunden. Seine vier riesigen Uhren zeigen schon seit 1909 die Zeit an.

Architektonisch übertrumpft wird das Gebäude jedoch vom dreieckigen Flatiron Building am südlichen Rand des Madison Square. Da eine Seite dieses Wolkenkratzers, einer der ersten in New York, nur zwei Meter breit ist, verglichen es Beobachter bei seiner Fertigstellung im Jahr 1902 sofort mit einem Bügeleisen (»flatiron«). Daniel Burnham, ein Architekt aus Chicago, teilte die Terrakottafassade wie eine klassische griechische Säule horizontal in drei Teile ein. Heute residiert die deutsche Verlagsgruppe Holtzbrinck unter ihrem amerikanischen Namen Macmillan in den Räumlichkeiten. Dass die spitzwinkeligen Zimmer am begehrtesten sind, versteht sich von selbst.

Das Flatiron Building steht genau an der Stelle, wo sich Fifth Avenue und Broadway kreuzen. Seit der Errichtung des Gebäudes heißt die Gegend rundherum auch Flatiron District. Spaziert man den Broadway wieder Richtung Union Square zurück, kommt man an vielen imposanten Hochhäusern aus der zweiten Hälfte des

1 Die coole Lobby des Marcel Hotel. **2** Farbenfrohe Akzente setzten die Designer hier. **3** Montagabend ein Must – der Auftritt der Mingus Big Band im »Jazz Standard«. **4** Die Lounge im 10. Stock des Marcel Hotel. **5** In den Bars rund um den Union und den Madison Square wird die Nacht zum Tag.

19. Jahrhunderts vorbei. Damals war die Gegend auch als »Ladies' Mile« bekannt. Reiche Damen kamen in ihren Kutschen angefahren und flanierten an den riesigen Auslagen von Edelgeschäften wie Tiffany's & Co. entlang. Von den Fassaden blickten griechische Götterstatuen wohlwollend auf ihr geschäftiges Treiben. In Broadway Nummer 888 verkaufte das elitäre Einrichtungshaus W & J Sloane einst Mobiliar an illustre Kunden und lieferte in das Weiße Haus. In den 80er-Jahren des 20. Jahrhunderts ließ sich in seinem achtstöckigen Gebäude ABC Carpet & Home nieder, der weltweit größte Teppichhändler. Der über 30 000 Quadratmeter große Einkaufspalast wird oft als Disneyland für Erwachsene bezeichnet. Im untersten Stockwerk haben Designer raffinierte Zimmervignetten arrangiert. An allen Ecken glitzert und glänzt es. Seidene Zierdecken liegen locker auf Himmelbetten, kristallene Bilderrahmen funkeln auf antiken Schreibtischen. Wer im Flatiron District eine kulinarische Weltreise antreten will, braucht nicht lange zu suchen: Im libanesischen »ilili« in der Fifth Avenue interpretiert Philippe Massoud die Küche seines Heimatlandes neu. In seinem kaleidoskopähnlichen Lokal mit den vielen Spiegeln serviert er Kebab aus Enten-Magret und Granatapfel-Margaritas. In der Park Avenue zaubert Gastronomie-Großmaul und Fernsehkoch Anthony Bourdain französischen Pot au Feu und Steak Frites in seiner Brasserie »Les Halles« aus den Töpfen. Bei »Japonais« in der 18. Straße kommen dicke Hummerstücke in die Frühlingsrolle und leicht angebratenes Lammfleisch ins Carpaccio. Ein »Darling« der Food-Szene ist Alex Ureña. Er begann ursprünglich als Tellerwäscher bei Starkoch David Bouley und arbeitete sich aufgrund seines großen Talents zum Besitzer eines Gastrotempels hinauf. Im »Pamplona« wird die nordspanische Küche zelebriert: Kammmuscheln mit Apfelfülle, Trüffeljoghurt und Morcilla-Blutwurst.

Auch kulturell ist zwischen Union Square und Madison Square viel los. Im pikanten Museum of Sex erfahren Besucher, welche

Zeit für Union Square

Sehen und Erleben

Union Square Greenmarket. Der Biomarkt ist Montag, Mittwoch, Freitag und Samstag von 8 bis 18 Uhr geöffnet.
Flatiron Building, Kreuzung Broadway/Fifth Avenue/23rd Street. Das bügeleisenförmige Gebäude von 1902 ist einer von Amerikas ersten Wolkenkratzern.
Metropolitan Life Insurance Tower. Der Turm in der One Madison Avenue war von 1909 bis 1913 das weltweit höchste Gebäude.
Museum of Sex, 233 Fifth Ave., www.museumofsex.com. Alles, was Sie schon immer über Sex wissen wollten.
Rubin Museum of Art, 150 W. 17th St., www.rmanyc.com. Kunst aus der Himalaja-Region.

Übernachten

Marcel Hotel**, 201 E. 24th St., Tel. 0212-6963800, Fax 0212-6960077, www.hotel-marcelnewyork.com.** Schickes, preisgünstiges Hotel mit fantastischer Dachterrasse.
Inn at Irving Place**, 56 Irving Place, Tel. 0212-5334600, Fax 0212-5334611, innatirving@aol.com, www.innatirving.com.** Formvollendetes viktorianisches Hotel.

Essen und Trinken

Pure Food & Wine, 54 Irving Place, Tel. 0212-4777151. Rohkostrestaurant auf Haute-Niveau.
ilili, 236 Fifth Ave., Tel. 0212-6832929. Nouveau-Libanesische Küche.
Les Halles, 411 Park Ave. South, Tel. 0212-6794111. Brasserie von Fernsehkoch und Autor Anthony Bourdain.
Japonais, 111 E. 18th St., Tel. 0212-2602020. Ausgefallene japanische Spezialitäten.
Pamplona, 37 E. 28th St., Tel. 0212-2132328. Innovative nordspanische Küche.
Eleven Madison Park, 11 Madison Ave., Tel. 0212-8890905. Wer Kulinarik zelebrieren will, sollte hierher kommen. Teuer!
Tabla, 11 Madison Ave., Tel. 0212-8890667. Gediegenes indisches Essen ohne Kitsch. Im Erdgeschoss billiger.

Ausgehen

Jazz Standard, 116 E. 27th St., Tel. 0212-5762232. Jeden Montag tritt hier die Mingus Big Band auf. Ein Musikerlebnis!
40/40, 6 W. 25th St., Tel. 0212-8324040. Diese futuristische Sportbar gehört Rapper Jay-Z.

Shopping

ABC Carpet & Home, 888 Broadway. Auch Meryl Streep und Keith Richards haben hier schon Teppiche gekauft.

U-Bahn-Stationen

14 St. – Union Square (L, N, Q, R, W, 4, 5, 6),
23rd Street (6, N, R, W).

---

kuriosen Maschinen zur Luststeigerung beim amerikanischen Patentamt eingereicht wurden. Das Rubin Museum of Art entführt in ätherischere Höhen, in die faszinierende Welt des Himalaja. Über 2000 Stücke umfasst die Sammlung, darunter Skulpturen von weiblichen Buddhas. Mahatma Gandhi würde sich auch hier wohlfühlen.

Metzger und Models
Meatpacking District: Blut geleckt auf Mode

Wenn kurz vor Sonnenaufgang leicht bekleidete Mannequins an muskulösen Fleischhackern vorbei nach Hause trippeln, dann ist Schichtwechsel im denkmalgeschützten Mikrobezirk.

There goes the neighborhood« ist ein Ausspruch, den Amerikaner immer dann in den Mund nehmen, wenn in einen bestimmten Bezirk schlechter verdienende Menschen zuziehen. Im Falle des Meatpacking District, von New Yorks immer kleiner werdendem Schlachthausbezirk rund um die Gansevoort Street, verhielt es sich umgekehrt. »There goes the neighborhood«, seufzte Bistrobesitzer Florent Morellet, als er aufgrund eines exorbitanten Mietpreisanstiegs 2008 aus seinem Viertel vertrieben wurde. Dabei war er der Erste, der den Meatpacking District wirklich schick machte. Das Lokal, das seinen Vornamen trug, galt in den 80er- und 90er-Jahren als Geheimtipp unter Künstlern und Celebrities.

Florent Morellet war ursprünglich in die Gegend gekommen, weil er die Gay-Bars in der Gegend frequentierte. Frühmorgens begegnete er Metzgern, die sich an ihr Tagewerk machten, und Transvestiten in hochhackigen Schuhen, die Taschen schwingend, über das blutige Kopfsteinpflaster stolzierten.

Die »Bar Hogs & Heifers«, (übersetzt etwa: »Saubären und Kuhtrampel«) erinnert an die Zeit, als eine Taxifahrt in den Meatpacking District noch den Anstrich von Abenteuer hatte. Kesse Kellnerinnen machen hier auf Cowgirl. In karierten Blusen und Hotpants springen sie auf die Theke und legen einen beschwingten amerikanischen Schuhplattler hin. Hinter ihnen hängen über 10 000 Büstenhalter von der Wand, darunter auch zwei von Julia Roberts und Drew Barrymore. Jeden Abend werden weibliche Besucher über Lautsprecher dazu verdonnert, auf dem Tresen ihre besten Tanzschritte zu zeigen. Wer danach nicht seinen BH auf die Stange an der Wand wirbelt, wird als Mauerblümchen beschimpft. Und das ist noch der zahmste Ausdruck.

Auf die hohe See entführt das »Maritime Hotel« an der Ecke Ninth Avenue und 16th Street. Das Hotel ist in einem der ungewöhnlichsten Gebäude in ganz Manhattan angesiedelt. Der ehemalige Sitz der Matrosengewerkschaft hat riesige Bullaugen als

1 Hugo Boss im Meatpacking District zieht Männer und Frauen an. **2** »Banana Republic« – die lässige Mode ist in Deutschland nicht erhältlich. **3** Tausende Büstenhalter hängen über der Theke von »Hogs & Heifers«. Auch zwei von Julia Roberts sind angeblich dabei. **4** Die Beckhams – Ikonen des Modebezirks.

1 Ausgeklügeltes Lichtdesign in der Lobby des Hotel Gansevoort sowie ...
2 ... ein Blick aus der Suite, wo ... 3 ... ein Glas für jede Spirituosenart vorrätig ist. 4 Eine Suite im Standard Hotel. 5 Die Lobby des Standard Hotels. 6 Das Standard Hotel prangt über dem Highline Park.

Fenster und ist auch sonst ganz auf Ozeandampfer gestylt. Die Zimmer sind mit dunklen Teakholzpanelen verkleidet und die Betten ganz im Seemannsstil mit weißem Leinen und marineblauen Decken überzogen. Auf der Terrasse des Penthouse können Gäste eine Dusche im Freien nehmen und ihren Blick zum Hudson River wandern lassen. In solch einem »Theme Hotel« darf ein Sushi-Restaurant natürlich nicht fehlen. Im »Matsuri« wird der Hummer mit einer Yuzu-Butter-Sauce serviert und der schwarze Kabeljau in Sake sautiert. Das Seefahrtsthema setzt sich auch auf der Veranda fort. Auf der Terrasse der hauseigenen Trattoria »La Bottega« entspannen sich Gäste in Segeltuch-Cabanas und auf blau-weiß gestreiften Sofas.

Der Meatpacking District ist auch ein Modemekka. Rund um die 14. Straße und die Ninth Avenue haben Designer wie Stella McCartney und Alexander McQueen ihre Filialen eröffnet. An die Strände von Rio erinnern die Kreationen von Carlos Miele. In seinem »M. Officer Flagship Store« flanieren zierliche Mädchen in knappen Beach-Dresses herum, so als ob sie in Ipanema wären. Mieles Badeanzüge bestehen aus raffiniertem Netzwerk und sind genauso sexy wie Stringtangas.

Der Meatpacking District zieht abends eine vergnügungssüchtige Klientel an. Riesige Restaurants und Nachtklubs haben sich in ehemaligen Kühlhallen angesiedelt. Das Lokal »5 Ninth« ist

Zeit für Meatpacking District

Sehen und Erleben

High Line Park, www.thehighline.com. Manhattans neue Parkattraktion befindet sich auf einer stillgelegten Eisenbahntrasse. Sie beginnt Ecke Gansevoort Street und Washington Street.

Übernachten

Maritime Hotel*, 363 W. 16th St., Tel. 0212-2424300, Fax 0212-2421188, www.themaritimehotel.com.** Dieses schicke Hotel ist ganz auf Ozeandampfer gestylt.
Hotel Gansevoort**, 18 Ninth Ave., Tel. 0212-2066700, Fax 0212-2555858, contact@hotelgansevoort.com, www.hotel-gansevoort.com.** Cooles Hotel mit Swimmingpool auf dem Dach. Wer den hauseigenen Nachtklub und die Bar besuchen will, muss sich einer Gsichtskontrolle unterziehen.
The Standard**, 848 Washington St., Tel. 0212-6454646, www.standardhotels.com.** Glaspalast genau über dem High Line Park. Herrliche Aussichten auf Fluss und Stadt.

Essen und Trinken

5 Ninth, 5 Ninth Ave., Tel. 0212-9299460. Fusion-Lokal mit intim-rustikalem Ambiente.
Chelsea Market, 75 Ninth Ave. In der ehemaligen Keksfabrik haben sich viele Gourmetgeschäfte und Restaurants angesiedelt.

Ausgehen

Hogs & Heifers Saloon, 859 Washington St./13th St., Tel. 0212-9290655. Cowgirls tanzen auf dem Tresen.
Cielo, 18 Little W. 12th St., Tel. 0212-6455700. Der ganz auf Raumschiff gestylte Klub spielt auch spacigen Dub.

Shopping

Stella McCartney, 429 W. 14th St. Die Beatles-Tochter und Tierschützerin stellt hier ihre leder- und pelzfreien Modelle aus.
Alexander McQueen, 417 W. 14th St. Der englische Modemacher liebt Pelze und Leder. Und Kristalle. Und wilde Muster.
Carlos Miele, 408 W. 14th St. Tropische Mode aus Brasilien.
Diane von Fürstenberg, 874 Washington St. Die Erfinderin des Wickelkleids wurde in Zeiten des »Studio 54« berühmt. Ihre Mode ist noch immer angesagt.

U-Bahn-Stationen

14th Street – Eighth Avenue (A, C, E).

---

dagegen angenehm intim. Im rustikalen Reihenhaus steht der junge Küchenchef Zac Pelaccio an den meisten Abenden auch selbst hinter dem Herd. Er hat sich der »Fusion Cuisine« verschrieben. Sein Petersfisch schwimmt in einer grünen Knoblauchsauce und wird mit Kurkuma und Senfkörnern verfeinert. Der Seeteufel sitzt dagegen auf einem Safran-Kürbis-Risotto.

Im Juni 2009 erhielt der Meatpacking District seine eigene grüne Oase. Die »High Line« verkauft sich als »Park im Himmel«. Er entstand auf einer brach liegenden Eisenbahntrasse, auf der über Jahrzehnte Unkraut wuchs. Der Park verläuft bis zur 20. Straße und soll noch bis zur 34. weitergeführt werden. Auch das Whitney Museum soll am unteren Ende des Parks eine neue Zweigstelle eröffnen. Hotelier André Balazs zog an einem Ende des Parks das Standard Hotel auf, dessen Fassade fast ganz aus Glas besteht. Auf 18 Stockwerken und in 337 Zimmern genießen Gäste eine ungetrübte Aussicht auf Stadt und Fluss. Wenn sie vergessen, die Stoffvorhänge vor ihre zimmerhohen Fenster zu ziehen, dann geben sie Leuten außerhalb des Hotels Einblick in ihre Intimsphäre und erwecken manchmal Erinnerungen an die Zeit, als der Meatpacking District noch voll von Erotikklubs war …

80 Above 14th Street

Eine Galerie für jeden Tag
Chelsea: Kunst, Antiquitäten und Gay Life

In dem westlich der Fifth Avenue gelegenen Viertel zwischen der 14. und der 30. Straße laden rund 400 Ausstellungshäuser zum Besuch ein. Vorzugsweise an Samstagen genießt ein anspruchsvolles Publikum das unendlich große Angebot und anschließend das Nachtleben.

Freitag um Mitternacht im Chelsea Clearview Cinema: Ein riesiger, roter, sinnlicher Mund singt. »Science Fiction, Double Feature« tönt es aber nicht nur von der Leinwand, sondern im gesamten Kino. Wenn Frank 'n Furter lasziv an seinen Strapsen zieht und Janet »touch-a, touch-a, touch me« stöhnt, brodelt es im Raum. Eingefleischte Fans der »Rocky Horror Picture Show« werfen Reis und Klopapier in die Luft und bejubeln die tanzenden Schauspieler auf und vor der Leinwand. Bei der Nummer »Time Warp« hüpfen alle in die Luft und verrenken ihr Becken in alle Richtungen. Eines ist klar: Bei der jeden Freitag und Samstag stattfindenden Vorstellung mit »live cast« tropft der Schweiß und zirkulieren die Hormone.

Chelsea, der Teil von Manhattan zwischen der 14th Street im Süden, der Fifth Avenue im Osten, der 30th Street im Norden und dem Hudson River im Westen, ist seit Jahrzehnten die liberalste Gegend im ohnehin liberalen New York. Bereits in den späten 60er-Jahren gingen hier homosexuelle Paare Händchen haltend durch die Straßen. Sie möbelten die hübschen Ziegelbauten aus dem 19. Jahrhundert auf, die bis dahin vorwiegend von einkommensschwächeren Bürgern bewohnt wurden. Bars wie »Rawhide«, »Barracuda« und »The Eagle« etablierten sich als Treffpunkte der Gay Community. Nach und nach verwandelte sich das Viertel in eine der schicksten Wohngegenden und heutzutage vergnügen sich Homos und Heteros bei »Bungalow 8«, einem Nachtklub, der mit seinen Palmen und Wandmosaiken einem kalifornischen Bungalow nachempfunden ist. Nightlife-Impresario Amy Sacco empfängt hier Celebrities, denen jeder Wunsch von den Augen abgelesen wird. In dieser Spielwiese für Reich und Schön servieren Kellnerinnen Osetra-Kaviar für über 1000 Dollar oder bestellen eine einfache Pizza von »Domino's« oder den discoeigenen Friseur, um die Haarpracht auf Hochglanz zu bringen. Dieses »hospitality«-Konzept ist meilenwert entfernt von jenem des »Chelsea Hotel« in der 23. Straße. Berühmte Persönlich-

1 Fans putzen sich freitags um Mitternacht für die Rocky Horror Picture Show auf. **2** Neonzeichen sind in New York schon fast Naturlicht. **3** Im Clearview Cinema geht die Show rund um Frank'n Furter ab. **4** Schmackhafte Pizza bei »Ray's« auf der Ninth Avenue.

1 Delikatessen aus aller Herren Länder gibt es auf dem Chelsea Market.
2 Empire Diner. **3** Daniel Angerer in seinem wunderbaren Restaurant »Klee«. **4** Am Wochenende stylen sich die Ladies. **5** »Gender Bender« in Chelsea. **6** Damenabend in Chelsea.

keiten gingen in den letzten 100 Jahren hier zwar ebenfalls ein und aus, doch stand ihre Lebensphilosophie ganz im Einklang mit dem viktorianisch-gammeligen Flair des Hauses. Dichter wie Mark Twain, Dylan Thomas und William S. Burroughs mieteten sich in diesem zwölfstöckigen Gebäude mit den opulent verzierten Gitterbalkonen auch auf Jahre ein. Dylan Thomas starb hier 1953 nach einem Alkoholexzess. Beat-Poet Jack Kerouac tippte in diesem Hotel 1951 auf einer 40 Meter langen Rolle Papier den ersten Entwurf von »On the Road« (»Unterwegs«). Von einer derartigen künstlerischen Aura fühlten sich in den 60er-Jahren Musiker wie Bob Dylan und Leonhard Cohen angezogen. Traurige Schlagzeilen mach-te das Hotel, als Nancy Spungen 1978 im Beisein ihres Freundes, des Sex-Pistols-Mitglieds Sid Vicious, erstochen aufgefunden wurde.

Die Geschichte des Hauses schlägt dem Besucher schon beim Betreten der Lobby entgegen. Die phallusförmige Wandskulptur »Chelsea Dog« sticht sofort ins Auge. In manchen Zimmern sind noch Marmorkamine aus dem Jahr 1886 erhalten, als das Hotel gegründet wurde. Andere Zimmer geben sich wiederum im 70er-Jahre-Zebra-Look. Wenn Kurzzeit- und Langzeitgästen das Lümmeln in der Lobby zu viel wird, gehen sie gern in das spani-

sche Restaurant »El Quijote«, das seit 1930 unmittelbar an das »Chelsea Hotel« anschließt und wie dieses unter Denkmalschutz steht. Vor pittoresken Wandmalereien von Stierkämpfen und Ritterrüstungen laben sich Genießer der iberischen Küche an Paella, die in riesigen Töpfen serviert wird.

In den letzten 15 Jahren hat sich West Chelsea als Epizentrum der modernen Kunst etabliert. Wo einst zwischen der 10. und der 11. Avenue Lötfunken aus Autowerkstätten sprühten, bieten berühmte Galeristen wie Matthew Marks, Larry Gagosian, David Zwirner, Susan Sheehan und Barbara Gladstone Kunstwerke in Millionenhöhe an. Besonders an Samstagen drängen sich viele Besucher zwischen der 18. und der 28. Straße, denn der Kunstgenuss kommt hier billiger als in diversen Museen. In 400 Galerien begutachten sie das Werk zeitgenössischer Künstler, ohne dafür einen Cent zahlen zu müssen. Die Gegend entdeckt hatte die Dia Art Foundation, die in den 80er-Jahren als erste darauf gekommen war, Industrie-gebäude für großräumige Kunstprojekte zu nutzen. Sie ist mit ihrer Sammlung moderner und zeitgenössischer Kunst mittlerweile in eine ehemalige Keksfabrik in Beacon am Hudson umgezogen. Ihren Platz an der 22. Straße übernahm das Chelsea Art Museum, dessen Sammlung vornehmlich der informellen Kunst gewidmet ist und die das Archiv des abstrakt arbeitenden französischen Künstlers Jean Miotte umfasst.

Streift man durch die Galerien, die oft in mehrstöckigen Gebäuden angesiedelt sind, so findet man die ganze Bandbreite des gegenwärtigen Schaffens: Wenn Fotokünstler Ashkan Sahihi in der Axel Raben Gallery seine »cum-shot«-Serie zeigt, schockt er viele Besucher. Die Gesichter seiner Subjekte sind mit menschlichem Sperma bedeckt. Der Künstler nennt diese Serie seine Konterattacke gegen die immer weiter um sich greifende Pornografisierung unserer Welt. Geht man weiter in die Julie Saul Gallery, begegnet man Maira Kalmans lyrischem Werk. Die bekannte Kinderbuchautorin und Illustratorin des renommierten Magazins »New Yorker« verarbeitet in bunten, märchenhaften Bildern des Bandes »The Principles of Uncertainty« die Trauer um ihren Mann, den Künstler Tibor Kalman. Mit ihrem Blick für alltägliche Wunder – ausgefallene Hüte, Kunststücke von Kindern – und witzig-tiefgründigen Sprüchen nährt sie ihren Willen zur Lebensfreude. Aber nicht nur für geistige und seelische Nahrung wird in Chelsea gesorgt. Auch den körperlichen Hunger stillen jede Menge talentierte Köche. Der emigrierte Tiroler

1 Blick auf die 23rd Street vom »Chelsea Hotels.« **2** Das eindrucksvolle Stiegengeländer. **3** In der Lobby lernt man einander leicht kennen. **4** Gemütliches Zimmer mit offenem Kamin

Daniel Angerer ist der neue »golden boy« in der New Yorker Gastronomie. Obwohl er besser aussieht als Leonardo DiCaprio und sich sein Geld auch als Ralph-Lauren-Model verdienen könnte, schwitzt er in seiner »Klee Brasserie« lieber am heißen Herd. Und das mit großem Erfolg: Die »New York Times« lobte seine fantasievollen Kreationen in den höchsten Tönen. »Ich folge den Prinzipien der, cuisine vitale«, beschreibt der fesche Kerl seine Philosophie. »Ich verwende nur die frischesten Zutaten und verfeinere sie mit Olivenöl, Kräutern und Gewürzen. Butter und Sahne kommen nur ganz selten in den Topf.« Mit seinen Gerichten stellt er eine kunstvolle Balance zwischen seinem europäischen Erbe und amerikanischen Einflüssen her. Den Saibling kombiniert er mit Apfel-Sellerie-Salat. Die elsässische Pizza serviert er mit Zwiebel, Speck und Löffelstörkaviar.

In das Amerika der dreißiger Jahre entführt der »Empire Diner«. Diners sind die Vorgänger von Fast-Food Lokalen. Diese Billigrestaurants eröffneten Anfang des 20. Jahrhunderts in ausrangierten Eisenbahnspeisewagen. Deshalb haben auch viele von ihnen eine stromlinienförmige Gestalt und sind mit Chrom verkleidet. Im Empire Diner wird typisch amerikanische Küche serviert: riesige Omeletts zum Frühstück, dicke Burger zum Mittagessen und »rootbeer floats« zum Nachtisch. Bei letzteren schwimmt Vanilleeis im original amerikanischen Erfrischungsgetränk rootbeer, das ähnlich wie Lakritze schmeckt. Bei diesem Dessert trennt sich die Spreu vom (amerikanischen) Weizen: Nur all jenen, die wirklich auf dem Boden der Vereinigten Staaten geboren sind, schmeckt es.

Chelsea ist auch ein Mekka für Antiquitätenliebhaber. »Olde Good Things« in der 24. Straße/Ecke Seventh Avenue hat sich auf den Ankauf von Kristalllüstern aus internationalen Hotels spezialisiert. In der »Antiques Garage« in der 25. Straße bieten über 100 Verkäufer ihre Ware an, darunter Pillenschachtelhüte à la Jacqueline Kennedy und Ross-Perot-Wahlkampfnadeln. An Samstagen bringt ein Shuttlebus Besucher der »Antiques Garage« zum großen Flohmarkt in Hell's Kitchen in der 39. Straße zwischen 10. und 11. Avenue. Dieser fand ursprünglich in Chelsea statt. Nachdem die Gegend aber zu teuer wurde, musste er umsiedeln.

Zeit für Chelsea

Sehen und Erleben

The New York City Rocky Horror Picture Show, Chelsea Clearview Cinemas, 23rd Street/8th Avenue, www.nycrhps.org. Kinofilm mit Liveshow jeden Freitag und Samstag um Mitternacht.
Chelsea Art Museum, 556 W. 22nd St. Museum für informelle Kunst.
In den folgenden Galerien finden Ausstellungen von Museumsqualität statt:
Larry Gagosian, 522 W. 21st St.
Matthew Marks, 513 W. 24th St.
Barbara Gladstone, 515 W. 24th St.
David Zwirner, 525 W. 19th St.

Übernachten

Chelsea Hotel***, 222 W. 23th St., Tel. 0212-2433700, Fax 0212-6755531, reservations@hotelchelsea.com, www.hotelchelsea.com. Über 100 Jahre altes Künstlerhotel. Zimmer mit hohen Decken, polierten Holzböden und historischen Details. Manche Zimmer teilen sich ein Badezimmer mit einem anderen.

Chelsea Savoy Hotel***, 204 W. 23rd St., Tel. 0212-9299353, Fax 0212-7416309, info@chelseasavoynyc.com, www.chelseasavoynyc.com. Einfaches, sauberes Hotel mit günstigen Preisen.
GEM Hotel Chelsea***, 300 W. 22nd St., Tel. 0212-6751911, Fax 0212-6751912, info.chelsea@thegemhotel.com, www.thegemhotel.com. Neues Hotel mit Ikea-Look.

Essen und Trinken

Klee Brasserie, 200 Ninth Ave., Tel. 0212-6338033. Exzellentes Lokal, wie eine avantgardistische Skihütte gestylt.
Empire Diner, 210 Tenth Ave., Tel. 0212-2432736. Original gestyltes amerikanisches Chrom-Lokal.
Tia Pol, 205 Tenth Ave., Tel. 0212-6758805. New Yorks beste Tapas. Schinkenkroketten und Chorizo-Wurst mit Schokolade.

Shopping

Olde Good Things, 124 W. 24th St. Antike Lüster und Badewannen.
Antiques Garage, 112 W. 25th St. Über 100 Verkaufsstände.

Ausgehen

Gay Bars:
Raw Hide, 212 Eighth Ave.
Barracuda, 275 W. 22nd St.
The Eagle, 554 W. 28th St.
Hetero und Homo:
Bungalow 8, 515 W. 27th St. Celebrity Hot Spot.

U-Bahn-Stationen

23rd Street (C, E und 1).

Midtown

Das »Waldorf Astoria« – eines der ersten Luxushotels der Stadt.

Shop until you drop
New Yorks Kaufhäuser: Wo der Dollar rollt

Die Kaufhäuser Macy's, Bloomingdale's, Saks Fifth Avenue und Bergdorf Goodman stehen für gediegenes Shopping. Es empfiehlt sich auf die »Sales«-Zeichen zu achten, denn ein Schnäppchen findet sich immer.

Ein roter Stern prangt auf dem Kaufhauskoloss Macy's Ecke der 34. Straße und dem Broadway. Was hat dieses Symbol des Kommunismus auf einer Ikone des Kapitalismus zu suchen? Ein Blick in das Archiv des über 150 Jahre alten Departmentstores gibt Aufschluss über dieses Mysterium. Als Kaufhausgründer Rowland Hussey Macy Mitte des 19. Jahrhunderts noch als Kapitän auf hoher See herumkreuzte, verirrte er sich einmal mit seinem Schiff. Sein Leben schien ihm verloren und er begann, alle seine Sünden abzubüßen. Auf einmal tauchte ein roter Stern auf, an dem sich der rauschebärtige Schiffsführer orientierte. Der Rest ist Geschichte.

Besucher von Macy's verirren sich nicht auf hoher See, sondern im Kaufhaus selbst. Auf fast 100 000 Quadratmetern in zehn Stockwerken finden Kunden vieles, was das Shopping-Herz begehrt: von Louis-Vuitton-Handtaschen bis zu Calvin-Klein-Unterhosen und Küchenutensilien von Martha Stewart. Und vieles zum Schleuderpreis. All jene, die nicht verloren gehen wollen, holen sich beim »Visitors' Center« einen Lageplan sowie eine Karte, mit der ausländische Besucher zehn Prozent Rabatt auf ihren Einkauf bekommen. Macy's bestimmt schon seit Jahrzehnten, was ein »Erlebniskaufhaus« zu bieten hat. Zu Thanksgiving, dem amerikanischen Erntedankfest, veranstaltet es eine große Parade, in der haushohe Ballonfiguren vom Columbus Circle auf der Upper West Side hoch in der Luft bis zum Kaufhaus gezogen werden. Drei Millionen Zuschauer beklatschen Snoopy, Shrek und Sponge Bob auf ihrem Flug. Von Festwagen winken Mickey und Minnie Mouse und Musiker in Zinnsoldatenanzügen trompeten und posaunen sich die Seele aus dem Leib. Das Schlusslicht der Parade macht seit Jahren jedoch immer derselbe Mann im roten Mantel: Santa Claus fährt mit einem lauten »Ho, ho, ho!« in einer Kutsche vor den Eingang von Macy's. Damit ist der Auftakt zur »Christmas Season« gegeben und der

1 Auch »H&M« ist neuerdings in New York zu Hause. Er wurde mit offenen Armen aufgenommen. **2** »Macy's« feudaler Einkaufspalast mit seinen klassischen Skulpturen erstreckt sich über einen ganzen Straßenblock. **3** Gratis-Make-up bei »Macy's«. **4** Das Edelkaufhaus Bergdorf Goodman.

Weihnachtsmann beginnt offiziell seine Residenz im Kaufhaus. Wie bereits in dem Filmklassiker »Das Wunder von Manhattan« gezeigt, klettern ihm im Dezember Tausende von Kindern auf den Schoß und flüstern ihm ihren größten Weihnachtswunsch ins Ohr.

Den Mitgliedern der New Yorker High Society ist Macy's jedoch zu plebejisch. Sie lassen sich in ihren Limousinen lieber zu Bloomingdale's, Saks und Bergdorf Goodman kutschieren. Bloomingdale's ist auf der Upper East Side gelegen, dem vornehmsten Viertel Manhattans. Sogar Königin Elisabeth von England besucht das Art-déco-Gebäude auf der Lexington Avenue. Im Parterre hängen Gustav Klimt nachempfundene Wandmalereien. Weiße Säulen mit silbernen Kapitellen verstärken den Eindruck von Exklusivität. Rosafarbenes Licht strömt von der Decke und einschmeichelnde Soulmusik aus den Lautsprechern. Schon beim Betreten des weiß-braunen Gebäudes mit den goldenen Zierplaketten überwältigt Besucher das Aroma von Dutzenden hochpreisigen Parfums. Hübsche, perfekt geschminkte Damen fordern Einkäufer auf, einen Teststreifen mit den neuesten Kreationen aus dem Hause Guerlain, Chanel oder Lancôme zu beschnuppern. Mit der Rolltreppe geht es in die oberen Stockwerke, die durch Glaswände so unterteilt sind, dass sie wie feine Boutiquen aussehen. Hier kann frau die neuesten Modelle von Vera Wang, Carolina Herrera und Issey Miyake probieren. Bloo-

90 Midtown

mingdale's Markenzeichen sind seine Einkaufstaschen. »Big Brown Bag« steht auf der großen braunen Tüte, nicht mehr und nicht weniger. Kenner wissen jedoch sofort, woher der Träger der Tasche seine Waren bezogen hat.

Nur einen Straßenblock von Bloomingdale's entfernt befindet sich Barney's. Dieses Kaufhaus gibt sich jünger und hipper als alle anderen in der Stadt. Luftig und leicht ist das Ambiente im Erdgeschoss. Nicht der schwülstige Geruch von Parfums schlägt Besuchern entgegen. Stattdessen springt ihnen das neue Statussymbol ins Auge: Handtaschen in allen Größen und Farben sind hier auf die Regale drapiert – Poppige Arena-Modelle von Balenciaga, silberne Clutches von Prada und flotte Lederpouchettes von Proenza Schouler. Modebewusste Frauen finden hier die angesagtesten Designerkleider. Narciso Rodriguez heißt der Modeschöpfer, dessen feuerrotes Kleid Michelle Obama in der Wahlnacht trug. Barney's ist seit den 20er-Jahren für seine perfekt geschneiderten Herrenanzüge bekannt. Klassische Gucci-Suits finden sich hier, aber auch rosa Hemden vom talentierten britischen Designer Ozwald Boateng.

1 Nur Menschen mit dicker Brieftasche gehen bei »Saks« einkaufen. **2** Frühlingsmode bei »Bloomingdale's«. **3** Zehntausende Kleider an einem Ort. **4** Schaufenster zum Valentinstag. **5** »Macy's« ist an Weihnachten festlich beleuchtet. **6** Zu Weihnachten macht Shopping besonders viel Spaß.

Genau neben dem »Plaza Hotel« am Central Park befindet sich das exklusive Kaufhaus Bergdorf Goodman. Ein livrierter Portier öffnet die goldene Pforte zu diesem Einkaufspalast. Der siebente Stock ist ganz auf Hochzeit eingestellt: Vor weißen Seidentapeten promenieren junge Damen in Brautkleidern kerzengerade, so als würden sie bereits zum Traualter schreiten. Oscar de la Renta und Ulla-Maija gehören hier zu den gefragtesten Modeschöpfern. Und natürlich wird den Damen auch nahegelegt, dass sie ihre Hochzeitsliste von Bergdorf Goodman führen lassen. Ein »personal shopper« berät sie dann, ob sie sich Kristallvasen von Lalique oder Waterford wünschen sollen oder ob eine moderne Kreation von Ted Muehling besser ihren Vorstellungen entspricht.

In seinem schönsten Kleid zeigt sich Saks Fifth Avenue gegenüber dem Rockefeller Center zur Weihnachtszeit. Macy's Santa

1 Badezimmer im »Bryant Park Hotel«. **2** In der Junior Suite wurde viel Leder verwendet. **3** Der Turm des Bryant Park Hotels. **4** Die »Cellar Bar« nutzte das alte Kellergewölbe gut aus. **5** Ein freundliches Lächeln an der Rezeption.

Claus ist dagegen nur ein billiger Kinderfänger. Dutzende überdimensionale Schneeflocken blinken dann auf Macy's Fassade. An den Auslagen bleiben Spaziergänger hängen. Szenen aus Kinderbüchern werden hier mit kunstvoll gestalteten, mechanisch bewegten Puppen nachgestellt. Hans Christian Andersens Schneekönigin fährt mit ihrem Schlitten über knisterndes Eis, während aus den gut versteckten Lautsprechern ein ätherisches »O Tannenbaum« dringt. Schuhfetischistinnen geben sich bei Saks gern ihrer Leidenschaft hin: Sie probieren hochhackige Blumen-Pumps von Christian Louboutin sowie silberne Krokolederschuhe mit Bleistiftabsatz von Jimmy Choo.

Klein, aber fein sind die Kaufhäuser Henri Bendel und Takashimaya in der Fifth Avenue. Henri Bendel war der erste Importeur, der Coco Chanel nach Amerika brachte. Seit 1990 residiert das Kaufhaus in einem Jugendstilgebäude, dessen Atrium von offenen Gängen auf vier Stockwerken umrahmt wird, so wie das bei den ersten Kaufhäusern im 19. Jahrhundert der Fall war. Schülerinnen der Eliteschulen auf der Upper East Side decken sich hier mit samtenen Haarreifen ein. Kosmetika sind ebenfalls von ausgesuchter Qualität. Makeup Planners von Trish McEvoy bringen Ordnung in jedes Beauty Case.

Wie der Name schon sagt, ist Takashimaya ein japanischer Konsumtempel. Für die Warenselektion sind hier nicht Einkäufer, sondern Kuratoren zuständig. Jedes Objekt ist einzigartig und meistens schlicht gestaltet. Luxus kommt in der Qualität der Materialien zum Ausdruck. Nicht alle Stücke stammen aus Japan. Die Kuratoren suchen die ganze Welt nach geschmackvollen Einrichtungsgegenständen und Kleidungsstücken ab. Das Kaufhaus umfasst auch eine eigene Blumenabteilung, in der liebevoll zusammengestellte Bouquets in Vasen duften. In einem japanischen Kaufhaus darf natürlich ein Teesalon nicht fehlen. In der »Tea Box« werden Assam und Ceylon-Blätter perfekt gebraut und in einer zen-igen Atmosphäre serviert.

Shopaholics, und besonders jene, die Klamotten verfallen sind, sollten im »Bryant Park Hotel« in der 40. Straße hinter der New York Public Library absteigen. Mitte Februar und Mitte September findet in einem großen Zelt in dem gleichnamigen Park vor dem Hotel die Fashion Week statt. Hotelgäste können sich bei den

Zeit für Kaufhäuser

Shopping

Macy's, Herald Square (Broadway/34th Street), www.macys.com. Im zweitgrößten Kaufhaus der Welt finden Shopaholics alles, was das Herz begehrt – von den frechsten Designerklamotten bis zum neuesten Wii-Spiel. Ausländische Besucher erhalten beim »Visitors' Center« eine Karte, mit der sie 10 Prozent Rabatt auf ihren Einkauf geltend machen können.
Bloomingdale's, 59th St./Lexington Avenue, www.bloomingdales.com. Edelkaufhaus auf der Upper East Side. Art-déco-Ambiente.
Bergdorf Goodman, 754 Fifth Ave./58th Street, www.bergdorfgoodman.com. Exklusives Kaufhaus gegenüber dem »Plaza Hotel« und dem Central Park. Der siebente Stock ist ganz auf Hochzeitsfantasien eingestellt.
Saks Fifth Avenue, 611 Fifth Ave./49th Street, www.saksfifthavenue.com. Einkaufstempel gegenüber dem Rockefeller Center. Geschmackvolle Auslagendekorationen, besonders fantasievoll zur Weihnachtszeit.

5

Lord & Taylor, 424 Fifth Ave./38th Street, www.lordandtaylor.com. Traditionsreiches Kaufhaus für Damen im besten Alter.
Henri Bendel, 712 Fifth Ave./56th Street, www.henribendel.com. Superschicker Departmentstore in historischem Kaufhausambiente. Auf Accessoires spezialisiert, vorwiegend von 20- bis 30-Jährigen mit Treuhänderfonds besucht.
Takashimaya, 693 Fifth Ave./55th Street, www.takashimayanyc.com. Geschmackvolles japanisches Kaufhaus in postmodernem Palast. Schlichter Luxus.
Allgemein: Alle Kaufhäuser gewähren zu jeder Zeit in verschiedenen Abteilungen einen Preisnachlass. Einfach nach den »sales«-Schildern suchen.

Übernachten

Bryant Park Hotel**, 40 W. 40th St., Tel. 0212-8690100, www.bryantparkhotel.com.** Hotel in dem die Fashion Week abgehalten wird. Modernes Dekor, schickes Publikum.

U-Bahn-Stationen

Macy's: 34th Street/Herald Square (N, R, Q, W), Bloomingdale's: 59th Street (4, 5, 6), Bergdorf Goodman: 5th Avenue/ 59th Street (N, R), Saks Fifth Avenue: 47–50th Street/Rockefeller Center (B, D), Henri Bendel, Takashimaya: 57th Street (F).

Modeschauen einen Überblick verschaffen, welchen Designern sie den Vorzug geben werden. Obwohl das Hotel ein historisches Gebäude bezogen hat, ist innen alles modern eingerichtet. Geradlinige Möbel mit violetten und türkisen Farbakzenten stehen auf tibetischen Teppichen. Jedes Zimmer bietet eine tolle Aussicht auf den Park und ist mit ultramoderner Technik ausgestattet. Auch können die Gäste hier Waren kaufen, die sie in den verschiedenen Departmentstores mit Sicherheit nicht finden. Denn in jedem Zimmer steht neben der Minibar ein Vergnügungskästchen mit Sexspielzeug bereit. Der Konsum macht vor nichts halt.

Einkaufsmeile der Welt
Fifth Avenue: Bücher, Business, Brillanten

Seit fast 200 Jahren bieten exklusive Geschäfte auf New Yorks Prachtstraße ihre Waren an, von Tiffany bis Cartier. Wer eine Kulturpause einlegen will, kann der New York Public Library, dem Rockefeller Center oder dem Museum of Modern Art einen Besuch abstatten.

Zwei Löwen bewachen den Zugang zu New Yorks teuerster Einkaufsmeile, der Fifth Avenue. »Patience and Fortitude«, »Geduld und Stärke«, wie die beiden steinernen Könige des Tierreichs genannt werden, sitzen erhaben vor dem Eingang zur New York Public Library, einer der größten Bibliotheken der Vereinigten Staaten. Auf ihrem Spaziergang zu den exklusivsten Geschäften in New York können Besucher hier noch ein wenig Wissen tanken, bevor sie sich dem Konsumgenuss hingeben. Der prachtvolle Beaux-Arts-Bau an der Ecke zur 42. Straße ging zum Zeitpunkt seiner Eröffnung im Jahr 1911 als das größte Marmorgebäude der Vereinigten Staaten in die Geschichte ein. Das Architektenteam John Merven Carrère (1858–1911) und Thomas Hastings (1860–1929) war für den Bau verantwortlich. Jedem ist der Zugang zur Bibliothek gestattet. 90 Meter lang und 24 Meter breit ist der Hauptlesesaal. Hier sitzen Wissensdurstige an robusten Eichentischen und lesen Bücher aus den 140 Kilometer langen, acht Stockwerke umfassenden Beständen, die in den Kellergeschoßen unter dem Bryant Park angelegt wurden. Die New York Public Library veranstaltet außerdem Gratis-Ausstellungen zu Themen wie dem Spanisch-Amerikanischen Krieg und Fotomanipulation (unter anderem wurde ein sehr überzeugendes und viel diskutiertes Verbrecherfoto von George Bush gezeigt).

Die Fifth Avenue entwickelte sich zu Beginn des 19. Jahrhunderts zu New Yorks geschäftigster Einkaufsmeile. Als sich die Stadt immer weiter vom historischen Zentrum um die Wall Street über Greenwich Village bis hinauf zum Central Park ausweitete, etablierte sich die Fifth Avenue als eine Gegend, wo man seine Dollars ausgeben konnte. Sie markiert auch die Trennlinie zwischen der Ost- und der Westseite von Manhattan. An der Ecke West 47th Street und Fifth Avenue findet sich die »Diamond Row«, die Diamantenstraße. Hier verkaufen chassidische Juden neue und gebrauchte Schmuckstücke, viele davon mit Brillanten

1 Ausstellung im Austrian Cultural Forum. **2** Edle Colliers auf der Diamond Row. **3** Für Unterhaltung sorgt die Radio City Music Hall. **4** In den Glaspalästen von Midtown spiegelt sich immer die gegenüberliegende Straßenseite.

besetzt. Im Gegensatz zu anderen Juweliergeschäften, die näher zum Central Park gelegen sind, herrscht hier eine Basar-Atmosphäre. Kunden scheuen sich nicht, mit den Händlern zu feilschen, um den besten Preis für eine Brosche oder ein Armband herauszuschlagen.

Die wichtigsten Edeljuweliere haben sich auf der Fifth Avenue angesiedelt. Tiffany's Art-déco-Bau an der Ecke zur 57. Straße zieht Käufer bereits seit dem Jahr 1940 an. Das Schmuckgeschäft war in New York im Jahr 1837 gegründet worden und zog im Laufe der Jahre von Greenwich Village immer weiter nach Norden. Firmengründer Charles Lewis Tiffany war ein Marketinggenie. Bereits früh erkannte er die Vorteile wichtiger Kennzeichen der Markenbildung. Seitdem werden alle Einkäufe in einer türkis-himmelblauen Schachtel mit einer weißen Schleife verpackt. Tiffany erfand 1886 eine Brillantenfassung, die die Gesamtheit des Steines sichtbar macht. Viele Funkelstücke stecken seitdem in einer sechszackigen Krone. 1999 stellte Tiffany die Lucida-Fassung vor, eine moderne, vierzackige Version mit einem eigens patentierten Diamantenschliff. Mehrere renommierte Designer arbeiteten über die Jahre für das Traditionshaus: Elsa Peretti, Jean Schlumberger, Paloma Picasso und in

1 Der Warner Brothers Store auf der Fifth Avenue. **2** Ein vornehmes Restaurant in Midtown. **3** Die Hot-Dog-Verkäufer gehören zum Bild von Midtown. **4** Freizeitvergnügen im Rockefeller Center. **5** Nicht nur Manolo's sind in New York beliebt.

jüngster Zeit Stararchitekt Frank Gehry. Letzterer folgt in seiner Schmuckgestaltung derselben dekonstruktivistischen Inspiration, die bei seinen Bauten zum Vorschein kam: Glieder von Ketten und Armbändern sind nicht rund oder eckig, sondern biegen sich sinnlich in verschiedene Richtungen. Holly Golightly, die im Film »Frühstück bei Tiffany« von Audrey Hepburn dargestellte Nymphe, hätte damit ihre Freude gehabt.

Der französische Juwelier Cartier Ecke der Fifth Avenue und der 52. Straße macht Tiffany's Konkurrenz. Cartier erfand im Jahr 1904 für den brasilianischen Flugpionier Alberto Santos Dumont die Herrenarmbanduhr. Männer finden auch heute noch so manch dezentes Schmuckstück in dem Nobelgeschäft: wellenförmige, mit Brillanten besetzte Manschettenknöpfe zum Beispiel. Zu Weihnachten stellt sich das Haus besonders festlich dar. Da umrahmt eine rote Schleife das gesamte Neorenaissancegebäude. Cartier kaufte es 1917 von der Industriellenfamilie Plant für nur 100 Dollar. Allerdings musste die Firma auch eine doppelreihige Perlenkette zum damaligen sehr hohen Preis von einer Million Dollar an den Verkäufer abtreten.

Juwelierkollege Van Cleef & Arpels an der Ecke Fifth Avenue und 57th Street stammt ebenfalls aus Frankreich. Die Fassade des Geschäfts erinnert an eine fein verzierte Hochzeitstorte. Girlanden ranken sich da um seine Fenster, und einige Stucklibellen scheinen zum Abflug bereit. Dieser Ausflug ins Tierreich ist emblematisch für den über 100 Jahre alten Hersteller von Preziosen. Seine Schmetterlinge aus Edelsteinen faszinierten schon die Herzogin von Windsor, Grace Kelly und in jüngster Zeit Mariah Carey und Madonna.

Harry Winston Ecke der Fifth Avenue und der 56. Straße entzückte auch Marilyn Monroe. In dem Film »Blondinen bevorzugt« singt sie das Lied »Diamonds are girls best friends« und würdigt den Gründer des Traditionsunternehmens mit einer gehauchten Zeile. Harry Winston hat der Stadt New York eine eigene Kollektion gewidmet. Der mit zackenförmigen Brillanten besetzte »Skyscraper«-Ring hat eine blaue Saphirkrone, die dem Chrysler Building ähnelt. Der Guggenheim-Kettenanhänger ist schneckenförmig wie Frank Lloyd Wrights Meisterwerk.

Das Herzstück der Fifth Avenue ist das Rockefeller Center. »Das Stonehenge des wirtschaftstreibenden Menschen« nannte es der englische Kulturkritiker Cyril Connolly. Tatsächlich sind in den 19 Art-déco-Gebäuden der »Stadt innerhalb der Stadt« viele Unternehmen untergebracht. John D. Rockefeller junior

entwickelte die 89 000 Quadratmeter große Fläche zu Zeiten der Weltwirtschaftskrise von 1932 bis 1940. Er verhalf damit 75 000 Menschen zu Arbeit. »Top of the Rock«, die mit Swarovski-Kristallen veredelte Aussichtsplattform des GE-Wolkenkratzers findet sich hier. Die Fernsehstation NBC strahlt von diesem Gebäude beliebte Sendungen wie »Saturday Night Live« aus. Zu ebener Erde vergnügen sich Besucher in den Geschäften und Restaurants der Lower Plaza. In der Weihnachtszeit kommen New Yorker, die die Kälte lieben, hierher zum Eislaufen. Ein riesiger, fast 30 Meter hoher Christbaum strahlt dann hell erleuchtet hinter der goldenen Prometheus-Statue. Der Gedanke, dass der hübsche, von Paul Manship gestaltete Titan der Menschheit das Feuer brachte, erwärmt die Herzen der Besucher in der kältesten Jahreszeit. Reisende, die ihre Schlittschuhe nicht in den Koffer gepackt haben, können sich hier ein Paar ausleihen. In der zum Rockefeller Center gehörenden Radio City Music Hall legen einstweilen die elfenbeinigen Rockettes beim »Christmas Spectacular« eine flotte Nummer aufs Parkett.

John D. Rockefeller war ein Kunstmäzen. Lee Lawries und Rene Chambellans Atlas-Statue in der Fifth Avenue trägt den Erdball seit 1934 auf seinen Schultern. Bauchmuskeln hat der stramme Mann für diese Aufgabe genug. Die Erdachse weist auf den Nordstern, von New York aus betrachtet. Die weitläufige Lobby des Rockefeller Center zieren viele Art-déco-Wandmalereien und Friese von Lee Lawrie (1877–1963). Über dem Haupteingang mahnt eine Statue, dass »Weisheit und Wissen die Stabilität jedes Zeitalters garantieren sollen«. Das stand schon so in der Bibel. Ursprünglich hatte der mexikanische Künstler und Frida-Kahlo-Gefährte Diego Rivera (1886–1957) eine 99 Quadratmeter große Wand in der Lobby des GE-Building gestaltet. »Der Mensch am Kreuzweg blickt mit Hoffnung auf eine neue und bessere Zukunft« war das Thema der Wandmalerei. Es zeigte Alkohol trinkende Society-Damen, Zellen von Menschen mit Geschlechtskrankheiten sowie ein Bildnis von Lenin, den der Kommunist Rivera sehr verehrte. Das war Nelson Rockefeller, Sohn von John, jedoch zu viel. Er ließ das Werk im Jahr 1934 zerstören und durch eine Szene mit Abraham Lincoln ersetzen.

Nelson Rockefellers Mutter Abby Aldrich Rockefeller war 1929 die treibende Kraft hinter der Errichtung des Museum of Modern Art, das auf der West 53rd Street zwischen der Fifth und der Sixth Avenue ein Heim gefunden hat. Diego Riveras Werken geschieht dort heute sicher nichts mehr. 87 seiner Malereien und

1 Die Bildhauer des Rockefeller Center sparten nicht mit teurem Material. **2** Der Götterbote Hermes wacht über den Handelskomplex. **3** Der Himmel spiegelt sich in Anish Kaipoors »Sky Mirror« am Rockefeller Plaza. **4** Cy Twomblys »Vier Jahreszeiten« im MoMA. **5** Die Prometheus Statue im Abendlicht.

heute steht. Der ursprüngliche Bau wurde von Philip Johnson in den 50er- und 60er-Jahren errichtet und von Cesar Pelli in den achtziger Jahren erweitert. 2002 begann der japanische Architekt Yoshio Taniguchi, die bestehende Ausstellungsfläche zu verdoppeln. Die einzelnen Stockwerke sind so ineinander verschachtelt, dass sie von Gängen und durch große Fenster Ausblick auf andere Ebenen und Kunstwerke bieten. Die Sammlung des Museums umfasst 100 000 Ob-jekte der Spitzenklasse – Paul Cézanne, Vincent van Gogh, Pablo Picasso, Piet Mondrian und Mark Rothko. Pablo Picassos »Les Desmoiselles d'Avignon« aus dem Jahr 1907 ist eines der unumstrittenen Meisterwerke in der Sammlung. Es zeigt deutlich, dass Frauen im MoMA Gegenstand künstlerischer Betrachtung sind, als schaffende Künstlerinnen in der Sammlung jedoch kaum in Betracht gezogen wurden. Eine Straße vom MoMA entfernt liegt das Austrian Cultural Forum, Österreichs kulturelle Vertretung in New York. Raimund

Zeichnungen besitzt das MoMA, darunter ein Porträt von Jacques Lipchitz (1891–1973), einem der wichtigsten Bildhauer des Kubismus. Obwohl Abby Rockefellers Mann John gegen moderne Kunst war, stiftete er das Grundstück, auf dem das Museum

Fifth Avenue 99

1 Das »Four Seasons« – ein wahrer Hoteltempel. **2** Das Restaurant des »Shoreham Hotels«. **3** Die Suite des »Jumeirah Essex House Hotels«. **4** Die »M Bar« des »Mansfield Hotels«. **5** Traumhafter Ausblick vom »Four Seasons Hotel«.

Abrahams schlankes Hochhaus aus dem Jahr 2002 erregte zum Zeitpunkt seiner Eröffnung großes Aufsehen. Architekturkritiker lobten es für seine innovative Kraft. Seit der Fertigstellung von Mies van der Rohes Seagram Building sei kein solch frischer Wind durch die New Yorker Stadtlandschaft geweht, meinten sie. Das 24 Stockwerke hohe Gebäude hat eine expressionistische Wirkung. Wie Fallbeile hängen die sich nach oben verjüngenden Fensterebenen über der Straße. Sie sind ein perfektes Sinnbild für den gnadenlosen Konkurrenzkampf, der in den Unternehmen von Midtown Manhattan vor sich geht. Das Austrian Cultural Forum betreibt ein aktives Kulturprogramm. Hochkarätige Ausstellungen, die zum Beispiel die Todesstrafe infrage stellen, ziehen viele Besucher an. Außerdem veranstaltet das Forum in seinem kleinen, aber feinen Aufführungssaal hervorragende Konzerte mit klassischen und avantgardistischen Künstlern. Und das alles gratis. Eine Seltenheit in Manhattan. Wer sich

Zeit für Fifth Avenue

Sehen und Erleben

New York Public Library, Fifth Avenue/42nd Street, www.nypl.org. Pompöser Marmorbau mit herrlichen Kassettendecken. Gratisausstellungen von hohem Kaliber.
Rockefeller Center, 49th bis 50th Street zwischen Fifth und Sixth Avenue. Riesiges Art-déco-Geschäftszentrum mit 19 Gebäuden. »Top of the Rock«-Aussichtsplattform siehe Kapitel 1.
Museum of Modern Art, 11 W. 53rd St., www.moma.org. Spitzenwerke moderner Kunst, darunter »Les Desmoiselles d'Avignon« von Picasso und »Sternennacht« von Vincent van Gogh.

Übernachten

Four Seasons Hotel***, 57 E. 57th St., Tel. 0212-7585700, Fax 0212-7585711, www.fourseasons.com/newyorkfs.** Von I. M. Pei gestalteter Hotelpalast mit Marmorlobby. Das Nonplusultra in Sachen Luxus.

Shoreham Hotel**, 33 W. 55th St., Tel. 0212-2476700, Fax 0212-7659741, sales@shorehamhotel.com, www.shorehamhotel.com.** Modernes Boutiquehotel. Ledermassagesessel, gute Matratzen.
Mansfield Hotel**, 12 W. 44th St., Tel. 0212-2778700, Fax 0212-7644477, www.mansfieldhotel.com.** Boutiquehotel in historischem Ambiente. Gutes Frühstück.
Pod Hotel*, 230 E. 57th St., Tel. 0212-3550300, info@thepodhotel.com, www.thepodhotel.com.** Hotel für junge Leute. Zimmer zum Teil mit Stockbetten. Preiswert.

Essen und Trinken

Great American Health Bar, 35 W. 57th St., Tel. 0212-3555177. Ein vegetarisches Restaurant unter all den Hotdog-Ständen. Preiswert.
Hale & Hearty Soups, 55 W. 56th St., Tel. 0212-2459200. Schmackhafte Suppen und frische Salate. Preiswert.

Einkaufen

Tiffany's, 727 Fifth Ave./57th St. Der Name spricht für sich.
Cartier, 653 Fifth Ave./52nd St. Französischer Edeljuwelier.
Van Cleef & Arpels, 744 Fifth Ave./57th St. Berühmt für seine Edelsteintiere.
Harry Winston, 718 Fifth Ave./56th St. M. Monroe's best friend.
American Girl, 609 Fifth Ave./49th St. Ein Puppenparadies.
J. Crew, 620 Fifth Ave./Rockefeller Plaza. Hier kleidet sich Michelle Obama ein.
Abercrombie & Fitch, 666 Fifth Ave./52nd St. Klamotten für Preppies.
NBA Store, 666 Fifth Ave./52nd St. Alles, was das Basketballerherz begehrt.

U-Bahn-Stationen

4–50th Street/Rockefeller Center (B, D, F, V).

---

dem Sog der Fifth Avenue nicht entziehen kann, sollte im »Shoreham Hotel« in der 55. Straße absteigen. Gleich an der Rezeption erwartet neu eincheckende Gäste ein Glas Sekt. Das Grün der Tapeten und der modernen Möbel wirkt beruhigend aufs Ge-müt. In der »Deluxe 1 Bedroom Suite« können sich Gäste auf einem ledernen iJoy-Massage-Sessel entspannen. Die gläsernen Trenntüren zwischen beiden Räumen in der Suite erzeugen eine luftige, lichte Atmosphäre. Frische Orchideen verstärken diesen Eindruck.

In das »Mansfield Hotel« in der 44. Straße dringt der Lärm von der Fifth Avenue nicht vor. Als »antik Boutique« könnte man seinen Stil bezeichnen. Die Designer stellten einen cleveren Bezug zur Vergangenheit des Hauses her, das seit 1904 als Hotel betrieben wird. In den Zimmern finden sich liebevolle historische Details wie Glas-türen mit eingeritzten Blumenmustern und Fotos von Jugendstil-architektur. Schwarze Rauledersofas bringen einen modernen Touch ins Ambiente. Von den gepolsterten Bänken in den Fensternischen blickt man in das Nachbarhaus, wo echte New Yorker ihrem Leben nachgehen. Authentischer geht es wohl nicht mehr.

Am Puls der Zeit
Times Square: Wo der Broadway zum »Broadway« wird

Nirgendwo strahlen die Lichter heller als auf New Yorks berühmtestem Platz. Nirgendwo treten die Kräfte des Kapitalismus mehr ins Rampenlicht. 40 Theater können ein Lied davon singen.

Five – four – three – two – one – Happy New Year!,« schreien Hunderttausende begeisterte Zuschauer, wenn in der Silvesternacht der in allen Farben sprühende Kristallball am Times Square auf einer Stange von oben nach unten wandert. Die Augen der Welt sind zu diesem Zeitpunkt auf New York gerichtet, denn wo anders könnte man den Jahreswechsel besser feiern als auf einem Platz, der nach der vierten Dimension benannt ist?
Der Times Square liegt im Zentrum von Midtown. Er markiert genau die Stelle, die im Allgemeinen als Theaterviertel Broadway bekannt ist, also das magnetische Feld zwischen 42. und 57. Straße. Hunderte riesige Leuchttafeln erhellen am »Great White Way« nachts den Himmel. Die letzten Bloomberg-News flimmern über ein digitales Band und ein überlebensgroßer P. Diddy streckt seine Faust zum Himmel. Und das Beste: Seit 2009 wird der Platz in bestimmten Intervallen immer wieder für den Verkehr gesperrt, sodass Spaziergänger ungestört ihren Blick zum Neonspektakel wandern lassen können, ohne auf Autos achten zu müssen. So wird Besuchern die monumentale Größe des Ortes bewusst, an dem Broadway und Seventh Avenue einander berühren.
Der Times Square ist nach der Tageszeitung »New York Times« benannt, die zu Beginn des 20. Jahrhunderts ihren Hauptsitz an dem Platz hatte. 2007 zog sie in einen 52-stöckigen Wolkenkratzer in der 43. Straße, Ecke Eighth Avenue, nur einen Block vom Times Square entfernt. Der von Renzo Piano entworfene, kreuzförmige Turm ist umweltfreundlich gestaltet. Keramikstäbe an der Außenfassade blocken den direkten Sonneneinfall ab und entlasten dadurch die Klimaanlage. Am anderen Ende des Times Square, genauer an der Ecke Eighth Avenue und 57. Straße, besticht ein weiteres, 2006 eröffnetes Supergebäude. Das Hearst Building ist der Sitz des gleichnamigen Medienimperiums. Der britische Stararchitekt Norman Foster setzte einen 46 Stockwerke hohen Glasturm auf das Art-déco-Gebäude, das der österreichische Baukünstler Joseph Urban 1928 hochgezogen hatte. Auf den ersten Blick springen die vielen Dreiecksglaspaneele ins

1 Menschen in Eile am Times Square. Seit kurzem ist der Platz verkehrsberuhigt. **2** Innovative Architektur um den Hauptplatz New Yorks. **3** Die St. Patrick's Day Parade zieht über die Avenue. **4** Im M&M-Geschäft kullern die Schokobonbons.

Auge, für einen Wolkenkratzer ungewöhnlich. In Sachen Umweltfreundlichkeit macht das Hearst Building dem New York Times Building Konkurrenz. Das auf dem Dach gesammelte Regenwasser wird zum Kühlen und Beheizen des Hauses verwendet.

Der Umweltschutz hat auch vor den großen Werbeleuchtschriften am Broadway nicht haltgemacht. Die Lampen der »Ricoh«-Reklamewand an der nordwestlichen Ecke der 42. Straße und der Eighth Avenue werden von Wind und Sonne mit Strom versorgt. 16 Turbinen und 64 Solarpaneele wurden zu diesem Zweck installiert. Das Coca-Cola-»Spectacular«, wie diese Werbeflächen genannt werden, könnte sich ein Beispiel daran nehmen. Seit 2004 tritt es in dreidimensionalem Format auf und hat von der Marke nur die Wellenform auf der Flasche als signifikantes Zeichen beibehalten.

New-York-Besucher, die den Löwenkönig, die Hexen aus »Wicked« oder das Phantom der Oper hautnah erleben wollen, müssen nicht unbedingt den Vollpreis für eine Karte zahlen, außer sie gehen an Feiertagen in die Vorstellung. Der TKTS-Stand an der Ecke 47. Straße und Broadway verkauft Tickets zu den Broadway-Shows zum halben Preis oder mit einer 25- oder 35-prozentigen Ermäßigung. Am Tag der Vorführung treten einzelne Theater unverkaufte Karten an den Stand ab. Wenn Musical-Liebhaber nicht unbedingt darauf brennen, eine bestimmte Aufführung zu sehen, können sie hier ein paar Stunden vor Beginn der Show eine Karte ergattern.

Eine Milliarde Dollar machen die 40 Broadway-Theater pro Jahr Umsatz. 13 Millionen Menschen sehen sich pro Jahr eine Show an. In Amerikas dramatischem Epizentrum ziehen kommerziell erfolgreiche Musicals wie »Cats« oder »Spring Awakening« Publikum von nah und fern an. Aber auch ernstes Theater wird hier gemacht. Jude Law mimt hier den Hamlet und Nicole Kidman zieht sich in David Hares »The Blue Room« splitternackt aus.

Der Broadway als solcher entstand zu Beginn des 20. Jahrhunderts. Damals wurden die ersten U-Bahn-Linien in Betrieb genommen, und eine führte direkt an den Times Square. Einige Theater sind noch in ihrem Originalzustand erhalten. Das New Victory Theater eröffnete als erstes Theater in der 42. Straße im Jahr 1900. Vor ein paar Jahren wurde sein venezianisches Interieur für elf Millionen Dollar restauriert. Es ist heute hauptsächlich dem Kindertheater gewidmet. Multimediashows und Märchenspektakel von hoher Qualität finden hier statt. Das Shubert Theater in der 44. Straße ziert eine Marmorfassade im Stil der italienischen Renaissance.

1 Nur bei Stromausfall wird der Platz dunkel. Und der ist glücklicherweise schon länger nicht eingetreten. **2** Verkehrsstaus gehören dazu. **3** Zur »Rush Hour« verlassen viele Arbeitnehmer die Stadt. **4** Zum Bergsteigen regten Stefan Zweig die Wolkenkratzer einst an. **5** Ein Hilton darf hier natürlich nicht fehlen.

In seinen Dachgeschossen residiert die Shubert Organization, die die meisten Theater am Broadway besitzt. Musicals wie »Chicago«, »Gypsy«, und »Crazy for You« feierten hier Erfolge.
In der zweiten Hälfte des 20. Jahrhunderts war der Times Square das Rotlichtviertel von New York. Pornoshops und Peepshows mischten sich da unter die Theater. Als Rudy Giuliani 2003 ins Amt als New Yorker Bürgermeister gewählt wurde, begann er den Times Square aufzuräumen. Disney und Genossen zogen stattdessen ein. Heute gibt sich der Times Square familienfreundlich. Donald, Dagobert, Daisy, Mickey und Minnie aus Plüsch und Plastik finden sich im riesigen Disney Store in der 42. Straße. M&Ms sind die amerikanische Antwort auf Smarties. Auf drei Stockwerken fließen sie im gleichnamigen Geschäft in durchsichtigen Röhren, sogar in den Farben der New Yorker Taxis, Gelb und Schwarz. Hershey's-Schokolade wird in den Vereinigten Staaten schon seit 1894 produziert. Die Firma erfand die Hershey's Kisses, kleine Schokoladentropfen, die perfekt in Chocolate Chip Cookies passen. Mit einer speziellen Maschine stellen sich kleine und große Naschkatzen ihre eigene Candy-Mischung zusammen: Reese's Peanutbutter Cups mit Erdnussbutter, Twizzler-Lakritze und York Patty Mints mit Minze. Im Hershey's Store können Besucher für

1 Alter Gebäuderiese am Times Square. **2** Eine Sightseeing-Fahrt im offenen Doppeldecker ist besonders im Sommer ein Vergnügen. **3** Der Broadway, wie er leibt und lebt. Nur die besten Sänger, Tänzer und Schauspieler treten hier auf. **4** Mit der Fahrradrikscha lässt sich die Stadt besonders gut erkunden. **5** Souvenir, Souvenir. Kauft ihr Leute, kauft sie ein! **6** Schuh-shopping in Greenwich.

ein paar Dollar 15 Minuten lang auch eine persönliche Mitteilung über das digitale Werbeband am Broadway laufen lassen. Auf diese originelle Art haben sich schon so manche Liebespaare einen Heiratsantrag gemacht. Außerdem drängen sich auf dem Times Square Dutzende von Souvenir-läden. Wer hier ein T-Shirt mit dem Aufdruck »I Love New York« oder ein Schachspiel mit Simpsons-Figuren erstehen will, muss nicht lange suchen. Bei so vielem Schauen kommt auch Hunger auf. »Carmine's« in der 44. Straße serviert riesige Teller Antipasti und Spaghetti, an denen sich der ganze Tisch bedienen kann. McDonald's ist also nicht die einzige Verköstigungsalternative am Times Square. »Ellen's Stardust Diner« ist wie ein Lokal für Teeniebopper aus den 50er-Jahren gestylt. »American Favorites« stehen hier auf der Speisekarte: Chicken Wings, Cesar Salad und Milkshakes mit Schokolade und Coca-Cola. Die Kellner und Kellnerinnen hier sind ausgebildete Sänger, die nur auf ein Engagement am Broadway warten. Nachdem sie einem Tisch ein Abendessen serviert haben, werfen sie sich in Pose und trällern »New York, New York« in die Menge. Aus dem Kellergeschoss von »Ellen's Stardust Diner« dringen ebenfalls heiße Klänge. Hier macht der Musikklub »Iridium« dem

Erbe des Broadway als Jazz-Destination alle Ehre. Der Klub hat sich auf Gitarristen spezialisiert: Les Paul spielte hier bis zu seinem Tod im Jahr 2009. Jetzt spielen hier José Feliciano, der »Picasso der Gitarre«, und Steve Miller, dem Hits wie »The Joker« zu verdanken sind. Der wohl legendärste Klub in der Gegend ist jedoch »Birdland«. Nach Charlie »Bird« Parker benannt, befand er sich ursprünglich in der 52. Straße. Miles Davis und John Coltrane begeisterten Fans in diesem Lokal mit ihren ausgeklügelten Kompositionen und Improvisationen. Auch heute lohnt es sich noch, der Birdland Big Band zuzuhören. Jeden Freitag führt sie Jazz-Standards auf, bei denen kein Auge trocken bleibt.

Das riesige Kuriositätenkabinett »Ripley's Believe It or Not« erinnert an eine Zeit, als Varietétheater am Broadway florierten. Unter Tausenden Ausstellungsstücken finden sich Haarsträhnen von George Washington, John F. Kennedy und Elvis Presley sowie ein zweiköpfiges Kalb und ein beträchtliches Stück der Berliner Mauer, auf dem ein Panzer mit einem Friedenszeichen übermalt wurde. Besucher lassen sich hier von mechanischen Kannibalen erschrecken oder stecken ihren Kopf in einen Glasbehälter, sodass es aussieht, als sei ihnen ihr Kopf abgehackt worden.

Das »Intrepid Sea-Air-Space Museum« gibt sich da schon etwas seriöser. Das Museum befindet sich auf einem der wichtigsten Flugzeugträger der jüngsten Geschichte, der auch im Zweiten Weltkrieg zum Einsatz kam. Das Schiff liegt dort, wo die 46. Straße auf die der Twelfth Avenue trifft, am Pier 86. Auf dem Flugzeugträger können Besucher in einem A-6 Flugsimulator abheben. Auch können sie hier, wohl zum einzigen Mal in ihrem Leben, das Innere der Concorde und des Unterseeboots »Growler« erkunden. Großer Andrang auf der »Intrepid« herrscht Ende Mai. Während der »Fleet Week« besuchen Zehntausende Matrosen der amerikanischen Marine die Stadt. Alle Feierlichkeiten finden dann auf der Intrepid statt. Wenn sie mit ihren weißen Uniformen und kessen Mützen die Stadt erobern, begeistern sie so manches Frauenherz.

Das »Time Hotel« in der 49. Straße, Ecke Eighth Avenue versucht die Energie des gleichnamigen Platzes aufzufangen. Das moderne Ambiente ist ganz in den Grundfarben gehalten – in starken Rot-, Blau- und Gelbtönen. Es ist von außen eher unscheinbar. Gäste halten am besten nach dem großen Schild des Restaurants »Serafina« Ausschau, das zum Hotel gehört. All jene, die im Hotel nächtigen, erhalten in diesem italienischen Lokal 20 Prozent Rabatt. Das Hotel gehört dem jungen indisch-amerikanischen Impresario

1 Verkehrsberuhigung ist auch am Times Square eingezogen. **2** Italienische Restaurants wie »Carmine's« sind am Times Square sehr beliebt. **3** Blick vom Restaurant des »W-Hotels« auf das bunte Treiben. **4** Der King Room im »Time Hotel« … **5** … sowie dessen bunte Lobby und … **6** … indigofarbene Träume in einer Suite des »Time Hotels«.

Vikram Chatwal, einem Mitglied des New Yorker Jetsets. Zu seiner eine Woche dauernden Hochzeit im Jahr 2006 flogen sogar die Clintons nach Indien. Eine ähnliche pompöse Feierstimmung will er in seinen Hotels erzeugen. In der Bar des »Time Hotel« treffen sich junge, hippe Bewohner der Stadt. Rund um den Times Square hat sich Chatwal sein eigenes Imperium geschaffen. In der 45. Straße befindet sich das »Night Hotel«, das ganz vornehm in Schwarz und Weiß gehalten ist. Als Dekoration von Kissen und Decken dienen kunstvoll geschwungene Buchstaben. »Gothic Gotham« nennt Vikram Chatwal, das ehemalige Fotomodell, den Stil von »Night«. Ein sinnliches Ambiente erzeugt die indirekte Beleuchtung des Zimmers – eine Lichtplanke um das Bett bringt das größte Möbel im Raum zum Strahlen. In Queen-Zimmer befindet sich eine Doppeldusche für Paare, die gern gemeinsam baden. Das »Dream Hotel« in der 55. Straße scheint dem Film »Eyes Wide Shut« entsprungen zu sein. Das weiße Interieur der Zimmer ist abends in ein sanftes blaues Licht getaucht. Gäste relaxen hier in Bademänteln aus Kaschmir. Meditationsguru Deepak Chopra hat hier ein Spa eröffnet. Gäste können gratis an Yoga- und Meditationsklassen teilnehmen. Die ayurvedische Massage ist leider nicht im Zimmerpreis inbegriffen. Das neueste Vorzeigestück in Chatwals Hotelsammlung ist das »Hotel Stay«. Hier ließ er Künstler zum Zug kommen. Die Lobby und Bar erinnern an

Zeit für Times Square

Sehen und Erleben

Ripley's Believe It or Not Odditorium, 234 W. 42nd St., www.ripleysnewyork.com. Zweistöckiges Kuriositätenkabinett mit Gratis-Aufführungen von Nagelschluckern.
Intrepid Sea-Air-Space Museum, Pier 86, W. 46th St./Twelfth Avenue, www.intrepidmuseum.org. Flugzeugträger aus dem Zweiten Weltkrieg, Concorde und U-Boot zu besichtigen.

Übernachten

Time Hotel**, 224 W. 49th St., Tel. 0212-2465252, Fax 0212-2452305, www.epoquehotels.com.** Modernes Hotel vom indisch-amerikanischen Hotelimpresario Vikram Chatwal. Zimmer in je einer Grundfarbe gehalten.
Dream Hotel**, 210 W. 55th St., Tel. 0212-2472000, Fax 0212-9740595, www.epoquehotels.com.** Reinweißes Dekor in den Zimmern. Blaues Licht. Ayurvedisches Spa.
Night Hotel**, 132 W. 45th St., Tel. 0212-8359600, Fax 0212-8359610, www.epoquehotels.com.** Gothic Gotham: Alles ist schwarz oder weiß. Pass für Spa im Dream Hotel.

Stay Hotel**, 157 W. 47th St., Tel. 0212-7683700, www.epoquehotels.com.** Das neueste von Vikram Chatwals Hotels. Rustikal-schickes Restaurant wie in Aspen.

Essen und Trinken

Carmine's, 200 W. 44th St., Tel. 0212-2213800. Family Style Italian, große Portionen.
Ellen's Stardust Diner, 1650 Broadway, Tel. 0212-9565151. Lokal wie in den 50er-Jahren. American comfort food. Die Bedienungen singen Broadway-Nummern.

Ausgehen

Iridium Jazz Club, 1650 Broadway, Tel. 0212-5822121. Jazz-Gitarristen wie José Feliciano und Steve Miller treten hier auf.
Birdland, 315 W. 44th St., Tel. 0212-5813080. Legendärer Jazzklub in neuer Location.

Einkaufen

Disney Store, 218 W. 48th St.
M&M Store, 1600 Broadway. Abermillionen von Schokoladepastillen.
Hershey's Store, 1593 Broadway. Candy Bars, sodass der Cholesterinspiegel lacht.

U-Bahn-Stationen

42nd Street/Times Square (1, 2, 3, 7, N, Q, R, S, W)

frühe Kreationen von Philippe Starck. Das hoteleigene Restaurant »Aspen Social Club« schlägt rustikale Töne an. Geweihe kommen hier als Lampenständer zum Einsatz. In den Badezimmern verbreiten Occitane-Produkte einen angenehmen Duft. Wenn Gäste sich hier vom Trubel des Times Square erholen, wünschen sie manchmal, dass die Zeit stehen bleiben könnte.

Manhattan Transfer
Grand Central Terminal: Bombastischer Bahnhof

Tief unter der 42. Straße rattern Lokomotiven und Waggons auf 57 Gleisen dahin. Mit mehr als 750 000 Passagieren pro Tag zählt der Bahnhof zu einem der am meisten frequentierten in den USA.

Wenn wir alle historischen Gebäude abreißen, dann bleiben in New York nur noch Glas- und Betonboxen bestehen«, entrüstete sich Jacqueline Kennedy Onassis, als der Grand Central Terminal 1968 von der Spitzhacke bedroht war. Dank der Bemühungen der ehemaligen First Lady und dem Eingriff des Obersten Gerichtshofs blieb der flächenmäßig größte Bahnhof der Welt in seinem Beaux-Arts-Kleid erhalten. Goldfarbene Messinggeländer, marmorverkleidete Wände und 20 Meter hohe Fenster verleihen »Grand Central Station«, wie der Bahnhof im Volksmund genannt wird, sein majestätisches Aussehen.

Spaziert man heute über die 42. Straße, spürt man nichts davon, dass einige Meter unter dem Asphalt 750 000 Menschen tagaus, tagein von 57 Bahngleisen in die Stadt strömen. Sie kommen aus der näheren Umgebung New Yorks zu ihren Arbeitsplätzen, aus Connecticut, Long Island und Upstate New York. Der unterirdische Bahnhof diente auch in mehreren Filmklassikern als Kulisse: Von hier aus flüchtete sich zum Beispiel Cary Grant in Alfred Hitchcocks Thriller »Der unsichtbare Dritte« in einen Zug, um einer Bande Ganoven zu entkommen.

Hätte Cary Grant ein wenig Zeit gehabt, wäre er von der monumentalen Eingangshalle beeindruckt gewesen. Klassizistisch ausgewogen sind die Proportionen dieses 115 Meter langen, 36 Meter breiten und 38 Meter hohen Tempels des Transportwesens. Auf dem Informationsstand mitten im »Main Concourse« prangt eine anmutige Uhr aus Messing, deren Wert von Sotheby's und Christie's auf zehn bis zwanzig Millionen Dollar geschätzt wurde. In den letzten hundert Jahren trafen sich unter ihren vier Zifferblättern mehrere Generationen von Reisenden. Die Verkaufsschalter mit ihren grazilen Gittern sind ebenfalls noch im Originalzustand erhalten. Zwei anmutig geschwungene Freitreppen an beiden Enden der Halle führen auf Balkons. Die auf der Westseite gelegene Bar, das »Campbell Apartment«, diente einst Bankier John Campbell als Büro. Ein offener Kamin und bleiverbrämte Fenster erinnern an die Zeit, als der Magnat

1 Die Hermes-Skulptur am Grand Central Terminal. **2** Die Verkäufer an den Schalter geben Fahrkarten in die Vororte aus. **3** In der U-Bahn sind nur mehr Stehplätze vorhanden. **4** New Yorks schönster Bahnhof erstrahlt in neuem Glanz.

1 Die Bauherren sparten hier nicht mit Marmor. **2** Der Restaurantbereich im Untergeschoss. **3** Feinste Delikatessen im Grand Central Market. **4** Fischspezialitäten in der Oyster Bar.

hier über seinen Finanzbüchern saß. Heute entspannen sich Gäste auf Ledersesseln und genießen einen Martinez, den Vorläufer des Martinis, den Barmann Jonathan mit süßreifer Anjou-Birne und Ahornzucker zubereitet. Auf der gegenüberliegenden Seite hat Basketball-Legende Michael Jordan ein Steakhouse eröffnet. Gäste laben sich in gedämpft-romantischem Licht an saftigen Porterhouse- und Rib-Eye-Fleischflanken.

Den Vogel im »Main Concourse« schießt jedoch die gewölbte Decke ab. Hoch über den Köpfen der Besucher, auf türkisblauem Grund sind die Sternzeichen in fein goldenen Strichen gezeichnet. Doch halt! Etwas scheint mit dem Sternenhimmel nicht zu stimmen. Bei näherer Betrachtung stellt sich heraus, dass er seitenverkehrt dargestellt ist. Hatte der französische Künstler Paul César Helleu zu sehr dem Rotwein zugesprochen, als er die riesige Wandmalerei 1912 an den falschen Himmel pinselte? Erklärungen für diese kuriose Ansicht gibt es einige: Helleu hätte eine Himmelskarte aus dem Mittelalter verwendet, lautet eine Theorie. Das Firmament wäre einfach aus der Sicht Gottes dargestellt, gab die Vanderbilt-Familie an, als der Bahnhof 1913 mit Pomp und Trara eröffnet wurde.

Die damals reichste Familie Amerikas hatte bereits 1871 hier einen riesigen Bahnhof betrieben. Ihr gehörte das Monopol auf alle Züge von und nach New York. Von Dampf und Ruß war die

Zeit für Grand Central Terminal

Historisches

1913 eröffnet. Ursprünglich im Besitz der Milliardärsfamilie Vanderbilt. Hier wurde das erste mit Strom betriebene Zugsystem in den Vereinigten Staaten in Betrieb genommen. 57 unterirdische Gleise. Mehr Informationen unter www.grandcentralterminal.com.

Sehenswertes

Main Concourse: Monumentale Bahnhofshalle mit beeindruckenden historischen Details, darunter Messinguhr mit vier Zifferblättern über dem Auskunftsstand, Deckenmalerei mit seitenverkehrtem Firmament und Sternzeichen.

Essen und Trinken

Oyster Bar, Untergeschoss, Tel. 0212-4906650. Das Restaurant in einem romantischen Gewölbe unterhalb der Bahnhofshalle rühmt sich, den frischesten Fisch in New York zu servieren.
Campbell Apartment, auf dem Balkon über dem Main Concourse, Tel. 0212-9530409. Feudale Bar im ehemaligen Arbeitszimmer von Bankier John Campbell. Exzellente Cocktails.
Michael Jordan's Steakhouse, auf dem Balkon über dem Main Concourse, Tel. 0212-6552300. Nur die Lieblingsspeisen des Basketballstars kommen hier auf den Grill.
Cipriani Dolci, auf dem Balkon über dem Main Concourse, Tel. 0212-9730999. Norditalienische Küche, so wie im berühmten Hotel in Venedig.
Métrazur, auf dem Balkon über dem Main Concourse, Tel. 0212-6874600. Das Team um Starchef Charlie Palmer bereitet in dieser amerikanischen Brasserie Steaks im Teigmantel zu.
Junior's, Dining Concourse im Untergeschoss, Tel. 0212-9835257. Brooklyns beste Cheesecakes haben auch in Manhattan ein Heim gefunden.

U-Bahn-Stationen

Grand Central/42nd Street (4, 5, 6, 7 und S).

um den Bahnhof liegende Gegend getränkt. Alle Gleise verliefen auf Straßenebene. Nach einem verheerenden Zugunglück im Jahr 1902 verbot die Stadt New York Dampflokomotiven. Deshalb entstand im Grand Central Terminal das erste elektrisch betriebene Zugsystem in den Vereinigten Staaten. Alle Gleise wanderten in den Untergrund. Das frei gewordene Gelände rund um den Bahnhof wurde an Firmen vermietet, die die Nähe zum Bahnhof kommerziell nutzten.

Natürlich birgt der Grand Central Terminal auch einige Geheimnisse: In den 30er-Jahren wurde für Präsident Roosevelt ein eigenes Gleis eingerichtet, von dem er direkt ins Waldorf Astoria Hotel fahren konnte. So entdeckten Reporter nicht, dass er querschnittgelähmt war. Wo genau sich der M42-Raum des amerikanischen Geheimdienstes unter dem Bahnhof befindet, ist bis heute nur einigen Eingeweihten bekannt. Er erfüllte im Zweiten Weltkrieg wichtige Funktionen, um Truppen an der Ostküste zu bewegen. Gourmets schätzen die Oyster Bar im Untergeschoss des Bahn-hofs. In dem mit antiken Kacheln ausgelegten Restaurant können Gäste zwischen 30 Arten von Austern wählen, von Lasquiti aus British Columbia bis Meximoto aus Baja California. Ganz nach Jackie Onassis' Geschmack.

Ein Wald im Dschungel
Central Park: Manhattans grüne Oase

Wenn New Yorker genug von Hochhäusern, Beton und Asphalt haben, findet man sie in ihrem liebsten Naherholungsgebiet. Sie gehen spazieren, joggen, radeln, klettern oder verschnaufen auf einer von 9000 Parkbänken

Wenn die Luft lau ist und die Sonne vom Himmel lacht, gibt es keinen besseren Platz in New York als den Central Park. Spaziergänger erleben die Bevölkerung der Stadt ganz hautnah. Hübsche langhaarige Teenager in knappen Hotpants zischen dann auf ihren Rollerblades über die Radwege. Eifrige Väter erklären ihren Jungs, wie sie am besten den Baseballschläger schwingen, damit sie auch wirklich den kleinen Ball treffen (ein schweres Unterfangen!). Gestresste Workaholics gönnen sich am Sonntag ein Nickerchen im Gras auf der Sheep Meadow.

Mit seinen 3,6 Quadratkilometern nimmt der Central Park sechs Prozent der Fläche von Manhattan ein. Seine Größe entspricht der des gesamten Zwergstaats Monaco. Bis zum Jahr 1853 war die Gegend noch Sumpfland. Dann beschloss die Stadtverwaltung, ein Erholungsgebiet für die immer stärker anwachsende Bevölkerung zu errichten. Die Landschaftsarchitekten Frederick Law Olmsted und Calvert Vaux wurden damit beauftragt, das riesige Areal zu gestalten. Sie wollten einen Park schaffen, der von Menschen aus allen sozialen Klassen genutzt werden konnte. Um eine möglichst ruhige Anlage zu schaffen, hatten Olmsted und Vaux die geniale Idee, die den Park durchquerenden Straßen auf einer niedrigeren Ebene anzulegen als die Erholungsflächen und sie teilweise sogar durch Tunnel zu führen.

Was so von Natur geschaffen erscheint, ist Ergebnis eines langen Gestaltungsprozesses. 26 000 Bäume spenden hier heute Sauerstoff. 36 Brücken und Bögen winden sich malerisch über Bäche. Zugvögel haben den Central Park zur Raststation auserkoren. Hin und wieder wird auch ein Weißkopfseeadler, der Nationalvogel der Vereinigten Staaten, gesichtet. Diese Adler waren schon fast ausgestorben, doch aufgrund von Rettungsmaßnahmen haben sie sich im Bereich des oberen Hudson River wieder vermehrt und statten dem Central Park hin und wieder einen Besuch ab. Sogar eine für Amerika neue Art von Tausendfüßler wurde im Central Park im Jahr 2002 entdeckt. Das im

1 Auch Friedrich Schiller wurde im Central Park ein Denkmal gesetzt. **2** Am John Lennon Memorial hinterlegen Fans täglich Blumen. **3** Flirten steht im Park an der Tagesordnung. **4** Auf einer Kutschenfahrt kommt romantische Stimmung auf.

1 Ausblick auf den Park vom »Top of the Rock.« **2** Um den Brunnen auf der Navy Terrace tummeln sich Einheimische und Touristen. **3** In den Gebäudepalästen wohnen Reich und Schön. **4** Die lange Allee heißt »The Mall«. **5** Ein Engel erschien am Columbus Circle. **6** Ein Traum vieler Brautpaare – ein Foto im Central Park. **7** Indianerskulptur von John Quincy Adams Ward.

Laub lebende, ein Zentimeter große und mit 84 Beinen ausgestattete Tierchen kam wahrscheinlich mit einer Pflanzenladung aus Ostasien nach New York. Auch auf seine 1700 Ulmen kann der Park stolz sein. In den restlichen Vereinigten Staaten fiel der Großteil dieser Baumart einer Seuche zum Opfer.
Der Central Park war schon zweimal dem Verfall preisgegeben: Anfang des 20. Jahrhunderts und in den sechziger Jahren, als New York am Rand des Bankrotts stand. Er schien damals mehr Diebe anzuziehen als Spaziergänger. Heutzutage ist der Park tagsüber sicher. Mit einem Budget von 150 Millionen Dollar pro Jahr stellt die Central Park Conservancy sicher, dass er gehegt und gepflegt wird und Touristen nichts passiert.
Viele Besucher betreten den Park vom südöstlichen Ende, genauer vor dem Plaza Hotel an der Ecke Fifth Avenue und Central Park South (59th Street). Auf dem nach dem Philanthropen Lawrence Wien benannten Spazierweg schlendern sie in nördliche Richtung, vorbei am »Wollman Rink«, einem 1949 angelegten Eislaufplatz. Wenn der Atem wie Rauch in der Luft hängen bleibt, gleiten New Yorker gern über die spiegelglatte Oberfläche des Platzes. Hier bietet sich ihnen ein unwiderstehliches Panorama: Am Südrand des Parks ragen monumentale, über 100 Jahre alte Steinriesen in den Himmel.
Auf der Ostseite, auf Höhe der 65. Straße liegt der Zoo des Central Park. Der ist zwar nicht so groß und weitläufig wie jener in der Bronx, fasziniert jedoch Klein und Groß mit seinen 150 Tierarten. Der Zoo ist in drei Bereiche unterteilt, in eine tropische, eine gemäßigte und eine arktische Zone. Staunende Kinderaugen beobachten dickfellige Eisbären, wie sie vom Felsen springen und unter Wasser tauchen. Da das gesamte Becken verglast ist, kommen die Kleinen ganz nah an das größte Raubtier der Welt heran. Mit ihrem krächzenden Gequieke und gierigen Geschnappe nach Fischen bringen die Pinguine Besucher oft zum Lachen. Die beiden Männchen Roy und Silo sind die Stars im Becken. Wissenschaftler verfolgen schon seit Jahren ihre

gleichgeschlechtliche Liebesbeziehung. Sie wollen von keinem Weibchen etwas wissen und kein Weibchen ist an ihnen interessiert. Als sie sich daran machten, einen Stein auszubrüten, gaben ihnen die Wärter ein wirkliches Ei und tatsächlich schlüpfte nach einigen Wochen ihr Baby Tango, das sie zweieinhalb Monate zärtlich umsorgten.

Die Bethesda Terrace auf Höhe der 72. Straße diente als Filmkulisse für das Musical »Hair«. Rund um ihren Engelsbrunnen, dem Herzstück des Parks, tanzten langhaarige Hippies und beschworen den Anbruch des Wassermannzeitalters. In eine englische Parklandschaft fühlen sich Spaziergänger versetzt, wenn sie den Teich nördlich der Bethesda Terrace erkunden. Wagemutige rudern hier eine Runde. Rund um den Teich verläuft »The Ramble«, eine Waldlandschaft mit hohen Bäumen. Die beste Sicht auf das Wasser haben Besucher vom »Boathouse«. Auf seiner Terrasse werden saftige Krabbenküchlein und Tuna-Sashimi serviert, eine kulinarisch raffiniertere Alternative zu den Hotdog- und Brezen-Ständen. Der Weg rund um das Reservoir auf Höhe der 85. bis 95. Straße und Fifth Avenue war die bevorzugte Joggingstrecke von Jacqueline Kennedy Onassis. Dort ging sie auch mit ihren Enkelkindern

1 Golden glänzt die Lobby des »Jumeirah Essex House Hotels«. **2** Edel gestaltet sind die Suiten im »Jumeirah«. **3** Mit Seide und Brokat sind die Zimmer des »Ritz Carlton Central Park« ausgestattet. **4** Ein Badezimmer im »Ritz Carlton«. **5** Von ihrem Schreibtisch Jumeirah überblicken Gäste den Central Park.

spazieren. Oder sie führte sie auf einen der 21 Spielplätze im Central Park. Jener auf Höhe der 81. Straße und Central Park West wurde von Poplegende Diana Ross gestiftet, die von ihrem Apartment im gegenüberliegenden Beresford Building den Kleinen beim Schaukeln und Rutschen zuschauen kann.

Eine gute Sicht auf den Park genießen Besucher vom Belvedere Castle in der Mitte des Parks, einer viktorianischen Märchenfantasie aus dem Jahr 1865. Die Granitburg dient aber auch einem nützlichen Zweck. Von hier werden die Wetterdaten an Rundfunkstationen gesendet.

Wenn die Temperaturen im Sommer die 30-Grad-Grenze überschreiten, zieht es die New Yorker ins Delacorte-Freilufttheater auf Höhe der 81. Straße. Kevin Kline mimt hier Richard III. und Heinrich IV., Anne Hathaway die Viola. Auf der »Summerstage« beim Rumsey Playfield bei der 72. Straße geht im Juli und August die Post ab. Für Gratiskonzerte mit World-Music-Stars wie dem Brasilianer Jorge Ben Jor kommen Musikliebhaber aus allen Bezirken angereist, viele von ihnen sind Immigranten. Wer sich einmal ein Leben »in style« wie die begüterten Bewohner rund um den Central Park leisten will, sollte sich in eines der Luxushotels am Central Park South einnisten. Das 44-stöckige »Jumeirah Essex House« empfängt bereits seit 1931 Gäste.

Angelina Jolie besitzt hier das Penthouse Apartment. Wenn die Hollywood-Diva durch die goldenen Art-déco-Aufzugtüren mit dem Zickzackmuster tritt, strömt ihr die ganze Geschichte des Hauses entgegen. Zur Zeit seiner Eröffnung war das Essex-Haus der höchste Wolkenkratzer in New York. Die neu renovierten Zimmer versuchen das Art-déco-Flair nachzuahmen. Die Teppiche sind in einem reichen Goldton gehalten, auf den komfortablen Betten liegen weinrote Samtkissen. Wie für den Art-déco-Stil üblich, finden sich an den Möbeln keine überflüssigen Schnörkel. Im weitläufigen Fitnesszentrum können sich Gäste auch Schlittschuhe, Fahrräder und Bälle ausborgen, um im Central Park Sport zu treiben.

Etwas verträumt-romantischer gibt sich das »Ritz-Carlton« ein paar Häuser weiter westlich. In den Zimmern mit antikem Ambiente zählen die Leintücher 400 Fäden pro Quadratzentimeter und der Sound kommt aus Geräten von Bang & Olufsen. Ein Technik-Butler ist jederzeit bereit, etwaige Computerprobleme zu lösen. Vor dem Haus steht ein Bentley, in dem Gäste gratis in der Gegend herumkutschiert werden. Ein paar Tropfen Frédéric-Fekkai-Badeessenzen fließen in die Marmorbadewanne, und schon können Gäste ihre Muskeln entspannen, falls sie einen Lauf im Central Park dem Bentley vorgezogen haben.

Zeit für Central Park

Sehen und Erleben

Der Central Park erstreckt sich über den Bereich 59th Street/Fifth Avenue bis zur West 110th Street/Eighth Avenue. Besucher können sich innerhalb des Parks leicht an den Laternenmasten orientieren. Die ersten zwei Zahlen auf einer kleinen Metalltafel zeigen an, auf welcher Straßenhöhe sie sich befindet. Bei Tageslicht ist der Park sehr sicher. Nachts ist Vorsicht geboten.
Wollman Rink, Höhe West 64th Street/Sixth Avenue. Romantischer Eislaufplatz mit tollem Blick auf die alten Wolkenkratzer rundherum.
Central Park Zoo, Höhe East 65th Street. Hübscher kleiner Zoo mit 150 Tierarten.
Strawberry Fields, Höhe West 72nd Street/Central Park West. Kleiner Gedenkpark für John Lennon.

Bethesda Terrace, Höhe West 72nd Street/Sixth–Seventh Avenue. Hier tanzten die Hippies im Filmmusical »Hair«.
Rumsey Playfield & Bandshell, Höhe West 72nd Street/Fifth–Sixth Avenue. Austragungsort der Gratis-»Summerstage«-Konzerte.
Loeb Boathouse, Höhe West 74nd Street/ Sixth–Seventh Avenue. Restaurant mit herrlichem Blick über die Teichanlage.
Delacorte Theater, Höhe West 81st Street/Seventh Avenue. Freilufttheater für »Shakespeare in the Park«.
Reservoir, Höhe West 85th Street – West 97th Street/Fifth Avenue – Seventh Avenue. Riesiger Wasserteich mit Geh- und Radweg.
Conservatory Garden, Höhe West 105th Street/Fifth Avenue. Hübsche Anlage mit französischem, italienischem und englischem Garten.
Harlem Meer, Höhe West 106th–110th Street/Fifth Avenue. Neu renovierte Teichanlage vor den Toren Harlems.

Übernachten

Jumeirah Essex House***, 160 Central Park South, Tel. 0212-2470300, Fax 0212-3151839, JEHinfo@jumeirah.com, www.jumeirah.com.** Art-déco-Luxuswolkenkratzer. Angelina Jolie besitzt das Penthouse.
Ritz Carlton Hotel***, 50 Central Park South, Tel. 0212-3089100, Fax 0212-2078831, www.ritzcarlton.com.** Old World Charm, wie es die Amerikaner nennen. Eines der wenigen »La Prairie Spas« außerhalb der Schweiz. Deluxe Park View Rooms mit eigenem Teleskop.

U-Bahn-Stationen

Fifth Avenue (N, R), 59th Street/Columbus Circle (A, B, C, D, 1), Fifth Avenue (N, R).
East Side: 68th (6), 77th (6), 86th (4, 5, 6), 96th (6), 103rd (6), 110th Street (6).
West Side: 72nd (C), 81st (C), 86th (C), 96th (C), 103rd (C), Cathedral Parkway (110th) (C).

Uptown

An eine Ohrmuschel erinnert das Guggenheim Museum.

Marathon der Meisterwerke
Museum Mile: Auf Schatzsuche in Kunsttempeln

Fast ein Dutzend Museen reihen sich auf der Fifth Avenue aneinander. Allein das Metropolitan Museum birgt zwei Millionen Kunstschätze. Wo einst Industriemagnaten die Sicht auf den Central Park genossen, lächelt jetzt Klimts »Goldene Adele« von der Wand.

Aus diesem Museum könnte eines Tages etwas werden«, prophezeiten Newland Archer und Ellen Olenski 1872 in Edith Whartons Roman »Zeit der Unschuld«. Mit »diesem Museum« ist das Metropolitan Museum of Art gemeint, das damals noch in seinen Kinderschuhen steckte. Eine Gruppe von Philanthropen folgte dem für ihre Zeit neuartigen Trend und ließ ein Gebäude errichten, wo auch die Öffentlichkeit ihre Kunstsammlung bestaunen konnte. In einem nicht allzu großen neugotischen Bau auf der Fifth Avenue und der 81. Straße, am Rande des 1859 entstandenen Central Park wurde das Museum angesiedelt. In Mode war die Gegend gleich nach der Eröffnung des Parks gekommen. Industriemagnaten wie die Vanderbilts und die Astors hatten sich bei der ruhigen Oase Stadtpalais im historisierenden Stil errichten lassen. Das Metropolitan Museum befand sich also in bester Gesellschaft.
Fast 150 Jahre später ist aus dem Metropolitan Museum wirklich etwas geworden: Mit zwei Millionen Werken und einer Gesamtfläche von fast 200 000 Quadratmetern ist es nach dem Louvre das zweitgrößte Museum der Welt. Das neugotische Exterieur wich 1902 einer klassizistischen Beaux-Arts-Fassade.
Amerikas Crème de la Crème ist mittlerweile aus ihren Palais ausgezogen. Von ihren historischen Villen haben andere Museen Besitz genommen. »Museum Mile« wird die Fifth Avenue von der 70. bis zur 105. Straße genannt. Mit fast einem Dutzend Kunststiftungen ist die Prachtstraße gespickt. Wer Meisterwerke aus nächster Nähe betrachten will, muss also gut zu Fuß sein.
Das Metropolitan Museum zieht jährlich fast fünf Millionen Besucher an. Sie verlaufen sich in den Hallen des weiträumig angelegten, imposanten Kunstpalasts. Bedeutende Werke aus 5000 Jahren und zahlreichen Kulturen umfasst die Sammlung des Museums, von perfekt proportionierten griechischen Jüng-

1 Der Dachgarten im Metropolitan Museum of Art. **2** Präkolumbianische Maske im »Met«. **3** Die Ritter ziehen ins Museum ein und begeistern besonders Besucher im Grundschulter. **4** Roxy Paines silberne Baum-skulptur am Dachgarten des »Met« nimmt Anleihen aus der Anatomie und der Zellstruktur von Pilzen.

1 Asiatische Mutterskulptur im Metropolitan Museum of Art. **2** Statue einer ägyptischen Prinzessin. **3** Das ägyptische Gesicht wirkt fast modern. **4** Das »Met« vereint eine Vielzahl von ägyptischen Schätzen. **5** Auf Du und Du mit der Sphinx. **6** In der Lobby des Met ist immer etwas los. **7** Selbst nach Stunden ... **8** ... hat man im Met noch nicht alles gesehen. **9** Senioren kommen gern zu Gratisvorträgen.

lingen aus gleißendem Marmor bis zu skorpionförmigen aztekischen Goldbroschen, filigranen japanischen Holzschnitten und dem Punktemeer pointilistischer Landschaftsmaler. Das Metropolitan Museum ist eine wohltätige Organisation. Sein Eintrittpreis versteht sich nur als Richtpreis. Ob man nun 2 oder 20 Dollar spendet, hinein kommt jeder.

Besucher unter zwölf Jahren schätzen besonders die ägyptische Abteilung. Über 35 000 ausgestellte Exponate können sie ihre Augen schweifen lassen, von Amuletten des heiligen Skarabäus-Käfers bis zu Sarkophagen für Katzenmumien und einer Büste von Pharao Tutanchamun. Sogar ein ägyptischer Tempel ist hier zu betrachten. Der aus dem Jahr 15 v. Chr. stammende, reich mit Hieroglyphen verzierte Tempel von Dendur wurde den Vereinigten Staaten vor dem Bau des Assuan-Staudamms 1963 geschenkt. Ansonsten wäre er überflutet worden. Dekorative

Papyrus- und Lotuspflanzen sind in seine Mauern gemeißelt, ein Zeichen dafür, dass er aus dem fruchtbaren Niltal stammt. Besonders mystisch erscheint er, wenn das Dämmerlicht durch die riesige seitliche Glasfassade fällt.

Ins ferne China entführt der Ming-Garten in der chinesischen Abteilung. Dort schwimmen Goldfische in einem kleinen Teich unter einem Wasserfall und eine hübsche Pagode zeugt vom Ahnenkult des Reichs der Mitte.

Beeindruckend ist auch die Sammlung alter Meister. Vom Holländer Johannes Vermeer (1632–1675) sind weltweit nur 40 Werke bis in die Gegenwart erhalten. Als einziges Museum der Welt besitzt das Metropolitain Museum fünf seiner Gemälde. Genial erfasste der frühbarocke Künstler Interieurs und Stimmungen in niederländischen Städten.

Fast selbstverständlich ist, dass sich das Metropolitan Museum in Sachen amerikanischer Kunst von seiner stärksten Seite präsentiert. Emanuel Leutzes General Washington überquert heldenhaft den Delaware-Fluss. Zu einem Ausflug ins nahe gelegene, romantische Hudson Valley inspirieren Thomas Coles Malereien. Wie fast kein anderer Amerikaner verstand es John Singer Sargent hochrangige Mitglieder der Gesellschaft ausdrucksvoll darzustellen. Sein »Porträt von Madame X« rief in Paris 1884 einen Skandal hervor. Wie Elfenbein muten die entblößten Schultern von Virginie Amélie Gautreau an, die sich lasziv zur Seite gedreht hat. Dem Publikum waren ihre grazil gerundeten Formen zu suggestiv. Sargent hielt es für sein bestes Porträt und verkaufte es 1916 an das Metropolitan Museum. Im neu gestalteten amerikanischen Flügel verfolgen Besucher, wie sich Interieurs des Landes im Lauf von über 200 Jahren geändert haben. 25 Räume wurden mit Möbeln und Accessoires aus verschiedenen Epochen eingerichtet. Seine Vorstellung von »organischer Architektur« lebte Frank Lloyd Wright (1867–1959) schon vor dem Ersten Weltkrieg aus. Im Wohnzimmer der Villa »Little House« gaben zwei lange Fensterwände einst Ausblick auf den Minnetonka-See. Heute sieht man von hier den Central Park. Die geradlinigen Eichenpaneele erinnern an die Wälder des Bundesstaats an der kanadischen Grenze.

1959, im reifen Alter von 92 Jahren, durfte sich Frank Lloyd Wright auch an der Ecke Fifth Avenue und 88. Straße ein Denkmal setzen. Mit einem Schneckenhaus und dem Inneren eines Ohres wurde sein Guggenheim Museum schon verglichen. Eine ungebrochene Welle schwebte Wright vor. Und außerdem wollte er das Metropolitan Museum wie eine »protestantische Scheune« aussehen lassen. Tatsache ist, dass hier die Architektur die darin ausgestellte Kunst übertrumpft. »Wow«, hört man Besucher ausrufen, wenn sie das Haus zum ersten Mal betreten.

Durch die blumenförmige gläserne Decke fällt Tageslicht in den Raum. Kunstliebhaber wandern den spiralförmigen Gang entlang und bewundern Werke moderner Kunst. Wer seine Beine schonen will, sollte jedoch mit dem Aufzug bis zum obersten Stockwerk fahren und dann langsam den Gang nach unten wandern. Und viele Pausen einlegen und den Blick ins Innere des Schneckenhauses genießen.

Solomon Guggenheim (1861–1949) war der Sohn eines jüdisch-schweizerischen Einwanderers, der es mit Silber- und Kupferminen zu unermesslichem Reichtum brachte. Nach seiner Pensionierung im Jahr 1919 widmete er sich ganz seiner Kunstsammlung. Auf Anraten der deutschen Malerin Hilla Rebay begann er Ende der 20er-Jahre abstrakte Kunst anzukaufen: Picasso, Braque, Kandinsky, Mondrian und wie sie alle heißen. Nachdem er die Werke einige Jahre im Hotel Savoy Plaza an der 54. Straße ausgestellt hatte, zeigte sich der Bedarf für ein eigenes Haus. Der Rest ist Geschichte. Im Lauf der Zeit konnte die Guggenheim Foundation mehrere Privatsammlungen übernehmen. Damit wurde das Museum zu einem der bedeutendsten für Kunst des späten 19., 20. und 21. Jahrhunderts. Bereits 1948 kaufte es den gesamten Nachlass des deutschen Kunsthändlers Karl Nierendorf und erweiterte seine Sammlung so unter anderem um 50 Werke von Paul Klee. 1978 bekam das Museum die Sammlung von Justin K. Thannhauser geschenkt, hervorragende Werke von Impressionisten und Post-Impressionisten wie Monet und Cézanne. Der letzte große Coup war 1992 der Ankauf der Sammlung von Panza di Biumo. Durch den Erwerb von minimalistischen und futuristischen Werken aus den 60er- und 70er-Jahren rundete das Museum seinen Bestand ab.

Die »Museum Mile« beginnt eigentlich schon an der Ecke Fifth Avenue und 70. Straße. Dort residierte zu Beginn des 20. Jahrhunderts der Kohle- und Stahlmagnat Henry Clay Frick (1849–1919). Er veranlasste, dass sein Palais und seine Sammlung alter Meister nach seinem Tod in ihrem Originalzustand erhalten bleiben. Besucher wandeln durch Zimmer, die mit französischen Rokokomöbeln bestückt sind. Frische Blumen stehen auf dem Tisch, und an den Wänden tollen hübsche Mädchen und Jungen mit gepuderten Perücken in einem besonders gepflegten Garten herum. Jean-Honoré Fragonards Bilderserie »Der Fortschritt der Liebe« hing einst im Boudoir von Madame DuBarry, der Favoritin von Ludwig XV., doch die wankelmütige Konkubine entledigte sich bald der Werke. Gemälde von Holbein, Tizian und Velazquez

finden sich hier ebenso wie Emailwerke aus Limoges, Perserteppiche und jede Menge Porzellan. Besucher genießen den liebevoll angelegten Garten mit seinen riesigen Magnolienbäumen, der einfach zum Verweilen einlädt und nicht kommerziell verwertet wird. Der Kunstbestand der Frick Collection ist nur hier zu bewundern, denn die Werke dürfen das Haus nicht verlassen. Kindern unter zehn Jahren ist der Zutritt nicht gestattet.

Eine ähnliche Idee wie Henry Clay Frick hatte der Kunsthändler Serge Sabarsky (1912–1996), als er Anfang der 90er-Jahre das ehemalige Vanderbilt-Palais an der 86. Straße kaufte. Nach seinem Tod im Jahr 1996 eröffnete sein Partner, Kosmetikzar Ronald Lauder, hier die Neue Galerie, ein Museum für deutschen und österreichischen Jugendstil und Expressionismus. Die deutsche Architektin Annabelle Selldorf gestaltete das Innenleben des neobarocken Hauses äußerst feudal. Im Café Sabarsky fühlen sich Besucher geradewegs so, als könnten Kokoschka und Schiele jede Minute zur Tür hereinspazieren und sich einen Apfelstrudel mit Melange bestellen. Geradlinige Möbel von Josef Hoffmann aus der Wiener Werkstätte sind hier ausgestellt, in Schwarz und Weiß gehalten. Der größte Coup gelang Ronald Lauder jedoch, als er 2006 Klimts goldenes Porträt von Adele

1 In der Galerie des Guggenheim Museumwandert man am besten von oben nach unten. 2 Amerikanische Kunst ist in den Institutionen auf der »Museum Mile« klarerweise gut vertreten. 3 Alltagsfiguren beeinflussen die Kunst ungemein. 4 Diese surreale Frauengruppe verleiht der »post racial, post gender society« Ausdruck.

Museum Mile 127

1 Expressionistische Kunst in der Neuen Galerie. **2** Gustav Klimts Porträt von Adele Bloch-Bauer kostete angeblich $125 000 Millionen. **3** Die Neue Galerie befindet sich im ehemaligen Vanderbilt-Palais. **4** Serge Sabarsky sammelte für sein Museum Meisterwerke des Jugendstils. **5** Melange mit Schlag im Café Sabarsky.

Bloch-Bauer kaufte, nachdem es die österreichische Republik an Bloch-Erbin Maria Altmann zurückerstatten musste. 135 Millionen Dollar wurden als Kaufpreis kolportiert, was das Gemälde zu einem der teuersten auf der Welt machte. Jetzt strahlt es im ersten Stock.

Ein weiteres Kleinod auf der Museum Mile ist das Cooper-Hewitt Design Museum an der Ecke zur 90. Straße. Das riesige Anwesen mit Garten stand einst im Besitz von Stahlbaron Andrew Carnegie (1835–1919), dessen Unternehmen es im Jahr 1972 der Smithsonian Institution zur Verfügung stellte. Sein schwülstig-dunkles viktorianisches Interieur steht oft in krassem Gegensatz zu den hier ausgestellten minimalistischen Exponaten. Unter seinen 250 000 Objekten findet sich auch ein Michelangelo-Entwurf für einen siebenarmigen Kerzenleuchter. Der Kunsthistoriker Sir Timothy Clifford ordnete ihn erst 2001 bei einem Forschungsaufenthalt eindeutig dem Künstler zu.

An der 92. Straße liegt das Jewish Museum, das größte jüdische Museum außerhalb Israels. Es ist im Palais des ursprünglich aus Deutschland stammenden Bankiers Felix Moritz Warburg angesiedelt. Warburg war vor dem Zweiten Weltkrieg maßgeblich daran beteiligt, vielen deutschen Juden die Ausreise in die USA zu ermöglichen. Die Kontinuität einer über 3000 Jahre alten Kultur aufzeigen will das Museum anhand von 25 000 Exponaten, darunter jüdische Grabsteine aus dem alten Rom und moderne Chanukka-Lampen von Karim Rashid.

Die Geschichte New Yorks zu dokumentieren hat sich das Museum of the City of New York an der Ecke zur 103. Straße zum Ziel gemacht. Im fünften Stockwerk befindet sich eine Sammlung von Einrichtungsgegenständen, viele auch aus eben jenen Stadtpalais, die in den 20er-Jahren der Spitzhacke zum Opfer fielen. Zu seinen Glanzstücken zählt ein »einfaches« Puppenhaus. Die kunstbeflissene Societylady Carrie Walter Stettheimer (1869–1944) stellte es binnen zwei Jahrzehnten fertig. Bei ihren Salons bat sie Künstler wie Marcel Duchamp und Gaston Lachaise, jeweils eines ihrer Bilder klitzeklein zu kopieren. Die Maler leisteten ihrem Wunsch Folge. Auch das gibt es auf der Museum Mile: Meisterwerke in Miniaturform.

Zeit für Museum Mile

Sehenswertes

Metropolitan Museum of Art, 1000 Fifth Ave./82–86th St., Tel. 0212-5357710, www.metmuseum.org. Mit zwei Millionen Sammlungsobjekten das zweitgrößte Museum der Welt.
Guggenheim Museum, 1071 Fifth Ave./88th St., Tel. 0212-4233500, www.guggenheim.org. Frank Lloyd Wrights »Schneckenhaus« allein ist schon eine Legende. Meisterwerke moderner Kunst, von Picasso bis Joseph Beuys.
Frick Collection, Fifth Ave./70th St., Tel. 0212-2880700, www.frick.org. Werke von Tizian, Velazquez und Turner.
Neue Galerie, 1048 Fifth Ave./86th St., Tel. 0212-6286200, www.neuegalerie.org. Ronald Lauders Schmuckkästchen für deutschen und österreichischen Jugendstil und Expressionismus.
Goethe Institut, 1014 Fifth Ave./82nd St., Tel. 0212-4398700, www.goethe.de/newyork. Deutschlands kulturelles Aushängeschild im teuersten Bezirk New Yorks.
Cooper-Hewitt National Design Museum, Fifth Ave./91st St., Tel. 0212-8498400, www.cooperhewitt.org. Wechselausstellungen zum Thema Design.

Jewish Museum, 1109 Fifth Ave./92nd St., Tel. 0212-4323200, www.thejewishmuseum.org. Das größte jüdische Museum außerhalb von Israel.
Museum of the City of New York, 1220 Fifth Ave./103rd St., Tel. 0212-5341672, www.mcny.org. Mit seiner Sammlung angewandter Kunst verfolgt dieses Museum die Entwicklung der Stadt.
El Museo del Barrio, 1230 Fifth Ave./105th St., Tel. 0212-8317272, www.elmuseo.org. Karibische und lateinamerikanische Kunst vom Feinsten.

Essen und Trinken

Café Sabarsky in der Neuen Galerie. Perfekt auf Jahrhundertwende getrimmtes Café in der Neuen Galerie. Apfelstrudel und Sachertorte sind auch in Wien nicht besser.
Roof Garden Café im Metropolitan Museum of Art. Der beste Blick auf den Central Park, besonders im Oktober, wenn sich die Blätter verfärben.
Weissman Café im Jewish Museum. Gutes koscheres Essen.

Shopping

Fast alle Museen haben hervorragende Shops, in denen man Nachbildungen von dekorativen Objekten kaufen kann.

U-Bahn-Stationen

68th, 76th, 86th, 96th, 103rd Street (6).

Spielwiese der Reichen
Upper East Side: Ladies who lunch, Dog Walkers, Doormen

In Manhattans vornehmstem Viertel lassen Society-Damen ihre Schoßhündchen von Profis spazieren führen. Livrierte Pförtner pfeifen dem Chauffeur und schon werden die Madames zum Mittagessen ins Luxusrestaurant gefahren.

Ladies who lunch« sind eine eigene New Yorker Gattung. In Chanel gekleidet und perfekt frisiert treffen sie sich zum Mittagessen in feinen Restaurants auf der Upper East Side, jenem geografischen Rechteck zwischen der 59. und 96. Straße sowie der Fifth Avenue und dem East River. Viele von ihnen sind Ehefrauen von Industriekapitänen oder haben ihren eigenen Treuhänderfonds. In Lokalen wie »Sfoglia«, wo sich auch Tom Cruise gern sehen lässt, knabbern sie an ein paar Salatblättern und besprechen das nächste Charity-Event für das Metropolitan Museum. Ihre Kinder – in der Fernsehserie »Gossip Girl« treffend porträtiert – knüpfen einstweilen in einer der Eliteschulen in der Nähe des Central Park die Seilschaften der Zukunft.

Mit einem Durchschnittseinkommen von 165 000 Dollar pro Haushalt zählt die Upper East Side zu einer der reichsten Gegenden in den Vereinigten Staaten. Viele Erbinnen wohnen hier: Aerin Lauder Zinterhofer, Dylan Lauren sowie Ivanka Trump. Während sich Aerin Lauder als Kreativchefin im familieneigenen Kosmetikimperium behauptet, haben sich Dylan Lauren und Ivanka Trump selbstständig gemacht. Die Tochter des Modezaren betreibt »Dylan's Candy Bar«, das angeblich größte Bonbongeschäft der Welt. 5000 Arten von Süßwaren bietet sie in diesem poppigen Paradies für Naschkatzen Ecke der Third Avenue und 60th Street an: von giftgrünen Gummischlangen bis zu salzig-süßen Schokobrezen. Im opulenten Juwelierladen von Immobilienerbin Ivanka Trump an der Madison Avenue glitzern nicht die Zuckerkristalle, sondern echte Edelsteine. In der teuersten Einkaufsstraße Amerikas suchen sich zukünftige »ladies who lunch« ihren Brautschmuck aus. Mehr noch als in Europa folgen sie bei der Wahl einem rituellen Schema: Der Ehering muss rundum mit Brillanten besetzt sein, auf dem Aufsteckring darf ein dicker Klunker nicht fehlen.

Townhouses, historische Einzelfamilienhäuser, werden auf der Upper East Side für bis zu 75 Millionen Dollar gehandelt. Lieblich

1 Vornehm shoppen lässt es sich auf der Upper East Side. **2** Die »Dog Walkers« werden gut bezahlt und führen oft bis zu einem Dutzend Hunde aus. **3** Die puertorikanische Parade in East Harlem dringt bis in die Upper East Side vor. **4** Leute mit viel Geld benutzen dicke Limos auch für Spritzfahrten.

sehen ihre Fassaden aus: Riesige dreiteilige Fenster im Stil von Andrea Palladio und geschwungene Balustraden erblicken Spaziergänger in den Seitenstraßen der Madison und Lexington Avenue. Daneben prangen riesige Apartmenthäuser, viele von ihnen »pre-war buildings«, wie die feudalen, vor dem Zweiten Weltkrieg hochgezogenen Gebäude heißen. Wer in ihnen wohnt, kann sich über dicke Wände, hohe Decken und interessante architektonische Details wie offene Kamine freuen. Eine Riege von Doormen wacht über die Geschicke der Häuser, nimmt Post entgegen und lässt die Dogwalkers ein.

Eine Institution auf der Upper East Side ist das Carlyle Hotel in der Madison Avenue. Der Art-déco-Wolkenkratzer mit der historischen Patina aus dem Jahr 1930 birgt viele Geheimnisse. John F. Kennedy traf sich heimlich mit Marilyn Monroe in seiner privaten Suite im 34. Stock. Nach seiner Ermordung wohnte Jackie Kennedy mit ihren Kindern eine Zeit lang hier. Sein Sohn John junior aß im hauseigenen Café vor seinem fatalen Flugzeugabsturz im Jahr 1999 sein letztes Frühstück. Das Hotel vermietet 180 Zimmer, darunter die Roger-Federer-Suite, in der das Tennisass immer zwei Wochen während der U.S. Open absteigt. Woody Allen spielt mit seiner Jazzband im Café Carlyle jeden Montag auf. Wer sich die gesalzenen Preise im Hotel nicht leisten kann, sollte sich jedoch zumindest ein paar Salzmandeln in der Bemelmans Bar gönnen. Ludwig Bemelmans (1898–1962) ging als Illustrator der »Madeline«-Kinderbücher in die Geschichte ein. Die nach ihm benannte Bar ist der einzige Ort auf der Welt, an dem man eine seiner Wandmalereien öffentlich bewundern kann. Hurtige Hasen hopsen da durch den von ihm erträumten Central Park. Der irische Barman Tommy Rowles arbeitet hier, seit er vor über 50 Jahren mit dem Schiff in den USA ankam. Er servierte Präsident Truman einen Whisky und ist berühmt für sein geheimes Bloody-Mary-Rezept.

Gleich neben dem Hotel befindet sich die Kenneth W. Rendell Gallery. Sie widmet sich dem Verkauf von historisch wertvollen Briefen und Unterschriften. Kenneth Rendell ist seit 50 Jahren im Geschäft. Er stöberte Briefe von Marie Antoinette und Napoleon auf. Einen Fotodruck mit den Unterschriften von John, Paul, George und Ringo verkauft er für über 20 000 Dollar.

Das Taschen- und Accessoiregeschäft VBH Luxury gegenüber dem Carlyle Hotel ist so exklusiv, dass es nicht einmal eine eigene Website betreibt. Valentino-Kompagnon Vernon Bruce Hoeksema verkauft hier seine Einzelanfertigungen. Seine hüb-

1 In dieser Gegend wohnte die Kosmetikkönigin Estée Lauder. **2** Die Doormen halten die Türen zum Edelkaufhaus »Barney's« auf. **3** Auch ein »Starbucks« hat sich hier niedergelassen und gerne von jungen Leuten frequentiert. **4** Lunch in einem einfachen Diner. **5** »The Gap« auf der Lexington Avenue. **6** »Stoops« nennt man die freigestellten Treppen von alten Reihenhäusern.

sche silberne Unterarmtasche hätte perfekt zu Audrey Hepburn gepasst. Obwohl die meisten Artikel für mehrere Tausend Dollar zum Verkauf stehen, lohnt sich der Besuch des Geschäfts allein wegen des Interieurs. Das alte Bankgebäude mit den hohen Wänden und riesigen Fenstern ist dezent mit modernen Skulpturen bestückt. Gäste können sich auf feinen italienischen Möbeln ausruhen. So oder ähnlich stellt man sich einen Salon in einem der umliegenden »townhouses« vor.

In dem Thriller »Sliver« (1993) wohnt Sharon Stone in einem sehr schlanken Wolkenkratzer, der fast komplett aus Glas besteht. Sie kämpft gegen einen unsichtbaren Feind an, der ihr gesamtes Apartment per Video überwacht. Das Aparthotel Marmara Manhattan ist zwar ähnlich schlank und gläsern, verletzt glücklicherweise jedoch nicht die Privatsphäre seiner Gäste. Von den farbenfrohen und geräumigen Zimmern genießen Gäste eine herrliche Aussicht auf ganz Manhattan. Das Hotel bietet auch ein Paket für frisch Geschiedene an. »Suddenly Splitsville« heißt es. All jene, die nach einer Scheidung oder Trennung eine neue Bleibe suchen müssen, können sich hier auch länger einnisten.

1 Blick aus dem Marmara Hotel. **2** So lebt es sich auf der Upper East Side: Die Auslandsösterreicherin Sandra de Havenon fühlt sich in ihrem Apartment wohl. **3** Das Penthouse im Marmara Hotel. **4** Feudale Spiegel im Badezimmer. **5** Drei-Schlafzimmer-Suite im Marmara Hotel.

In krassem Gegensatz zu den hübsch dekorierten »townhouses« und Apartmenthäusern steht das Whitney Museum Ecke Madison Avenue und 75. Straße. Marcel Breuers Meisterwerk des Brutalismus erregte bei seiner Eröffnung im Jahr 1966 großes Aufsehen. Deutlich heben sich seine grauen Granitmauern von der Kalk- und Sandsteinarchitektur der Umgebung ab. »Inmitten des dynamischen Dschungel dieser bunten Stadt wollte ich ein Gebäude mit einer eigenen Identität schaffen«, erklärte der Mitbegründer des deutschen Bauhauses. Wie eine umgedrehte, dreistufige Pyramide ragt es in den Raum. Das Museum wurde 1931 von einer weiteren Erbin, Gertrude Vanderbilt Whitney (1875–1942), gegründet. Sie interessierte sich für junge amerikanische Künstler wie Marsden Hartley und Stuart Davis. 1929 wollte sie ihre Sammlung dem Metropolitan Museum of Art schenken. Dieses lehnte sie jedoch als zu avantgardistisch ab. Das reut das Met wahrscheinlich bis heute. Das Whitney Museum besitzt eine hervorragende Sammlung von 18 000 Werken. Alle zwei Jahre veranstaltet es eine Biennale für junge

Talente. Das Museum kauft im Zuge dieser Schau auch gern ein und sichert sich somit Meisterwerke, solange sie noch günstig zu haben sind. 1970 schenkte Josephine Hopper dem Whitney den gesamten künstlerischen Nachlass ihres Mannes Edward Hopper (1882–1967), wohl auch aus Dankbarkeit. Gertrude Vanderbilt Whitney hatte ihn seit dem Jahr 1920 gefördert. In Hoppers Straßenszenen und Landschaften kommt die Einsamkeit des amerikanischen Individuums am besten zum Ausdruck. Vielleicht ist er deshalb so populär, weil er die Schattenseite der sonst so optimistischen amerikanischen Seele zum Vorschein bringt.

Das Museum besitzt auch Dutzende Mobiles von Alexander Calder (1898–1976), dessen abstrakt-witzige Skulpturen Besucher zum Lächeln bringen. Leichtfüßig widersetzen sich die Skulpturen den Gesetzen der Schwerkraft. Calders »Zirkus« aus den späten 20er-Jahren fasziniert Kinder besonders. Drahtige Löwen begehren gegen den Dompteur auf, während ein Seiltänzer gefährlich über den Köpfen der anderen Artisten schwebt. Auch Georgia O'Keefe (1887–1986) ist im Whitney gut vertreten. Ihre abstrakten, vielschichtigen, tiefroten Blumen erinnern an bestimmte Teile der weiblichen Anatomie. Ob sie den »ladies who lunch« wohl auch gefallen?

Zeit für Upper East Side

Sehen und Erleben

Whitney Museum of American Art, 945 Madison Ave./75th Street, www.whitney.org. Kunstwerke aus dem 20. und 21. Jahrhundert, darunter Meisterwerke von Edward Hopper, Alexander Calder und Georgia O'Keefe.
Asia Society, 725 Park Ave./70th Street, www.asiasociety.org. Wechselausstellungen asiatischer Kunst in modernem Ambiente.

Übernachten

Carlyle Hotel***, 35 E. 76th St., Tel. 0212-7441600, Fax 0212-7174682, thecarlyle@rosewoodhotels.com, www.thecarlyle.com.** Luxushotel seit dem Jahr 1930. Roger Federer weilt hier während der U.S. Open. Bemelman's Bar serviert kreative Drinks. Woody Allen spielt montags im Café Carlyle für einen saftigen Eintrittspreis auf.
The Marmara Manhattan**, 301 E. 94th St., Tel. 0212-4273100, Fax 0212-4273042, Manhattan-info@the-marmarahotels.com, www.marmarahotels.com.** Hoteltower inmitten von York Town, der alten deutschen Gegend. In türkischem Besitz.

Franklin Hotel*, 164 E. 87th St., Tel. 0212-3691000, Fax 0212-3698000, www.franklinhotel.com.** Renoviertes Boutiquehotel mit historischem Anstrich. Spezielle »Gossip-Girl«-Angebote.

Essen und Trinken

Sfoglia, 135 E. 92nd St./Lexington Avenue, Tel. 0212-8311402. Rustikales, jedoch edles italienisches Restaurant. Sechs Wochen im Voraus bestellen, denn auch Tom Cruise speist hier.
David Burke Townhouse, 133 E. 61st St., Tel. 0212-8312121. Nobel-Amerikaner mit tollem Ambiente.
Le Pain Quotidien, 1131 Madison Ave./84th Street. Der gediegene Imbiss mit provenzalischem Flair.

Einkaufen

Ralph Lauren, 888 Madison Ave./72nd Street. Polo-Shirt-Liebhaber, was willst du mehr?
Dylan's Candy Bar, 1011 Third Ave./60th Street. Ralph Laurens Tochter bringt Naschkatzen mit 5000 Arten von Süßwaren in Versuchung.
Ivanka Trump, 685 Madison Ave./61st Street. Donalds Tochter hat sich auf edle Steine und Metalle spezialisiert.
VBH Luxury, 940 Madison Ave./74th Street. Valentino-Partner Vernon Bruce Hoeksema ersinnt in diesem alten Bankgebäude ausgefallene Taschen und Schuhe für Damen mit dickem Bankkonto.
Kenneth W. Rendell Gallery, 989 Madison Ave./76th Street. Einzigartiges Geschäft für historische Unterschriften und Briefe.

U-Bahn-Stationen

Grand Central/42nd Street (4, 5, 6, 7 und S).

136 Uptown

Wo Lennons Geist lebt
Upper West Side: Heimat linksliberaler Literaten

In der Gegend westlich des Central Park fühlen sich freisinnige Künstler und Schriftsteller wohl. Das Lincoln Center, das Museum of Natural History und zahlreiche Kinos und Cafés inspirieren die Kreativszene.

»Woran arbeitest du gerade?« »An einer Biografie über Rigoberta Menchù. Und du?« »Ich schreibe ein Drehbuch über die Harlem-Renaissance.« Solcherlei Gespräche laufen auf der Upper West Side ständig ab. In Aufzügen, auf Kinderspielplätzen und in diversen Cafés westlich des Central Park. Schon seit Jahrzehnten fühlen sich Literaten, darstellende Künstler und Medienleute in der Gegend von der 59. bis zur 110. Straße wohl. Die Gebäude rund um Broadway, Amsterdam und Columbus Avenue wurden nach der Eröffnung des Central Park im Jahr 1859 errichtet. Das wohl berühmteste ist das Dakota Building an der Ecke Central Park West und 72. Straße. Wie ein überdimensioniertes hanseatisches Rathaus sieht der achtstöckige Baukoloss aus dem Jahr 1884 aus. Roman Polanski siedelte hier 1967 die Handlung seines Horrorfilms »Rosemarys Baby« an. Auch im wirklichen Leben erlangte der Apartmentkomplex traurige Berühmtheit: Direkt vor der Eingangstür wurde Wohnungsbesitzer John Lennon 1981 von einem Verrückten erschossen. Das in der Nähe gelegene Areal Strawberry Fields im Central Park ist seinem Andenken gewidmet.

Der Exbeatle und Yoko Ono zogen in die Gegend, weil sie ihr kreatives Ambiente schätzten. Künstler siedeln sich hier an, weil sie Amerikas Entertainment-Epizentrum, den Broadway, leicht mit der U-Bahn erreichen können. Auch literarisch aktive Exilanten wählten die Upper West Side als ihre Heimatstätte, nachdem sie aus Deutschland und Österreich geflüchtet waren: Der Schriftsteller Frederic Morton, der mit seiner Biografie über die Rothschilds zu internationaler Berühmtheit gelangte, Else Pappenheim-Frishauf, die letzte Studentin an der Wiener Schule der Psychoanalyse vor dem Ausbruch des Zweiten Weltkriegs, sowie Komponist Fred Spielman, dessen Songs Frank Sinatra und Bing Crosby aufnahmen.

An Inspirationsquellen für schöpferische Geister mangelt es nicht auf der Upper West Side. Dort, wo sich Broadway, Colum-

1 Beim Laufen Central Park sinkt der Blutdruck. **2** Innovative Architektur: das Time Warner Building. **3** Die »Evolution Hall« im American Museum of Natural History. **4** Das »Rose Center Planetarium« veranschaulicht die Geschichte des Universums eindrucksvoll.

bus Avenue und 65. Straße kreuzen, prangt erhaben die künstlerische Akropolis Amerikas. Mit ihren schlanken weißen Säulen erinnern die drei Hauptgebäude des Lincoln Center an eine antike Tempelanlage. Tatsächlich folgten die Architekten der Metropolitan Opera, des New York State Theater und der Avery Fisher Hall dem Vorbild des römischen Kolosseums und verwendeten weißen Kalksinter und Marmor für die drei Ikonen moderner Baukunst. Die Metropolitan Opera thront in der Mitte des 6,6 Hektar großen Areals. Wenn ihre Swarovski-Kristalllüster abends aufleuchten, kann man von außen durch die riesigen Glasfenster einen Blick auf Marc Chagalls fast 100 Quadratmeter große Tapisserien werfen. In das links hängende Kunstwerk »Der Triumph der Musik« fliegen Sänger, Ballerinen und der Künstler selbst über die rote Skyline von Manhattan. Im gelben Monumentalbild »Die Quellen der Musik« schweben Beethoven, Bach, Wagner und Verdi über dem Hudson River.

Über die eleganten weißen Marmorfreitreppen im Inneren der Met fließt ein burgunderroter Teppich. Die goldenen Balustraden im vierrangigen Zuschauerraum verstärken den festlichen Eindruck. 27 verschiedene Produktionen führt das Ensemble von

Mitte September bis Mai auf. Wenn »Carmen« auf dem Programm steht, trabt sogar ein echter Esel auf die Bühne. Passiert ihm dann ein übel riechendes Missgeschick, kommt sofort ein in spanischer Tracht gekleideter Komparse angetanzt und kehrt

den Kot auf. Die Inszenierung bemüht sich, realistisch zu wirken: Carmens Kolleginnen in der Tabakfabrik rauchen Zigarillos und treten sie auf dem Bühnenboden aus.

Das Ensemble der New York City Opera bespielt das New York State Theater zur Linken der Met. In der Avery Fisher Hall hat die New York Philharmonic ein Heim gefunden. Aber auch außerhalb der Spielsaison, von Mai bis September, ist das Lincoln Center ein populärer Treffpunkt. Im Juli wiegen Tanzwütige beim »Midsummer Night Swing« auf dem riesigen Platz ihre Hüften zu heißen Salsa- und Merengue-Rhythmen. Im Damrosch Park hinter der Met findet im August das Festival »Out of Doors« statt. Afrobeat-Gruppen, Mummenschanzspieler und Slam-Poeten geben dann im Freien ihr Bestes. Und das alles gratis!

Das Lincoln Center hat auch in das 2003 errichtete Time Warner Center expandiert. Dieser 229 Meter hohe Doppelwolkenkratzer liegt am Columbus Circle an der Kreuzung Broadway, Central Park South (59. Straße) und Central Park West, dort, wo die Upper West Side eigentlich beginnt. Hier residiert das Veranstaltungszentrum Jazz at Lincoln Center, das von Startrompeter Wynton Marsalis geleitet wird. Marsalis hat es sich zur Aufgabe gemacht, die uramerikanische Musikform durch Veranstaltungen

1 Joggen hat im Central Park Tradition. Auch Jackie Onassis zog hier ihre Runden. **2** Glücklich ist, wer eine Wohnung mit Aussicht auf den Central Park hat. **3** Ausblick vom Time Warner Center. **4** Vorführungen auf höchstem Niveau in der Metropolitan Opera. Die beiden Chagall-Wandteppiche strahlen abends in ihrer ganzen Farbkraft. **5** Beim Spaziergang auf der Columbus Avenue.

und Kurse zu pflegen. Mit seiner 15-köpfigen Band tritt er selbst im Rose Theater auf, einem Konzertsaal, der technisch so ausgeklügelt ist, dass seine Akustik auf einzelne Künstler abgestimmt werden kann. Die Konzerthalle ist eine der wenigen auf der Welt, die Ausblick ins Freie bietet. Durch drei Stockwerke hohe Glasscheiben blicken Besucher hier auf die Lichter der vorbeifahrenden Autos. Straßenlärm dringt jedoch nicht in den Raum.

Das von der renommierten Architekturfirma Skidmore, Owings & Merrill entworfene Time Warner Center beherbergt neben dem gleichnamigen Mediengiganten auch die New Yorker Zentrale von CNN sowie einige Luxusgeschäfte und -lokale. Thomas Kellers Restaurant »Per Se« wird als das beste in Amerika gehandelt. Der kalifornische Küchenchef tischt hier neungängige Menüs mit Speisen wie Hummerschwanz in Safran-Vanille-Sauce und Gänseleber mit Pfirsich Melba als Beilage auf.

Eines der elegantesten Hotels belegt 19 Stockwerke des Time Warner Center. Vom 35. bis zum 54. Stock genießen Gäste des »Mandarin Oriental« eine weite Sicht auf die Baumspitzen des Central Park. Bei der Gestaltung des Mobiliars kommt der asiatische Ursprung der Hotelkette zum Vorschein: Die Kissen könnten in einem Sultanspalast nicht schöner sein, die schwarz lackierten Tische erinnern an chinesische Schmuckkästchen. Vom Pool im 36. Stock genießt man den Blick auf den Hudson River.

Wer nicht über 1000 Dollar für ein Zimmer ausgeben will, kann auch im Empire Hotel gleich neben dem Lincoln Center absteigen. Es besteht bereits seit 1890 und erhielt vor Kurzem ein Facelift. Die erdigen Töne des Central Park inspirierten die Designer bei ihrer Farbwahl. Hier treffen sich junge Leute gern auf einen Cocktail. Im Schein von Dutzenden Kerzen sitzen sie auf goldenen Hockern und lauschen den neuesten Lounge-Klängen. Das Hotel ist besonders im Sommer beliebt. Als eines der wenigen in New York hat es einen Freiluftpool auf dem Dach. Gäste können sich auch in eine der Cabañas zurückziehen und so tun, als wären sie in Miami. Das zwölfstöckige »Empire« durchweht auch ein Hauch von Afrika: Decken und Kissenbezüge mit exotischem Zebramuster liegen auf den bequemen Sofas und Betten. Nicht nur nach Afrika, sondern auch in alle anderen Kontinente entführt das American Museum of Natural History an der Ecke Central Park West und 81. Straße. Ben Stillers Klamaukfilm »Nachts im Museum« spielt hier. In diesem Streifen erwachen ein prähistorisches Mammut, eine Riesenkobra sowie der Bären jagende Präsident Teddy Roosevelt zu neuem Leben. Blickt man auf seine triumphbogenartige Fassade, bemerkt man nicht, dass es eigentlich aus 25 miteinander verbundenen Gebäuden besteht. 150 Millionen Exponate besitzt dieses Naturkundemuseum, darunter riesige Brontosaurus- und T-Rex-Skelette. Von Oktober bis Ende Mai flattern 2000 bunte Schmetterlinge aus Südamerika und Asien in einem eigenen Warmhaus herum. Im Jahr 2000 baute das Museum eine Sternwarte, wie sie die Welt noch nicht gesehen hatte. Das kugelrunde Hayden Planetarium scheint im sechs Stockwerke hohen Rose Center for Earth and Space wie ein Himmelskörper zu schweben. Besucher treten hier eine Reise in den Weltraum an. Während Whoopi Goldbergs Stimme körperlos im Raum verweilt, wirft ein Zeiss Mark IX, der weltweit größte Virtual-Reality-Simulator, 9100 Sterne auf die Kuppel des Planetariums. Das All ist so nah und doch so fern.

Zeit für Upper West Side

Sehen und Erleben

Lincoln Center, 62nd–65th Street/Columbus Avenue. Die Metropolitan Opera, das New York State Theater und die Avery Fisher Hall sind nur drei von 13 Veranstaltungshallen in dieser Kulturlandschaft mit toller moderner Architektur. Online Tickets bestellen bei: www.lincolncenter.org. Outdoor-Gratisprogramme im August.
Jazz at Lincoln Center, Time Warner Center, 10 Columbus Circle (Broadway/Central Park South), www.jalc.org. Startrompeter Wynton Marsalis pflegt das Erbe der großen Jazzmeister in einer fantastischen Konzerthalle und einem dazugehörigen Zentrum.
American Museum of Natural History, Central Park West/79th Street, www.amnh.org. Dinosaurier, Schmetterlinge, geologische Exponate und das Rose Center for Earth and Space, das technisch ausgeklügeltste Planetarium der Welt.
Museum of Art and Design 2 Columbus Circle, www.madmuseum.org. New Yorks Ode an die angewandte Kunst in brandneuem Gebäude. Unbedingt probieren: das Museumsrestaurant »Robert at MAD« im 9. Stock ist bis 2 Uhr morgens geöffnet. Übercooles Ambiente und fantastischer Blick über das Lichtermeer, nicht zu teuer. Tel. 0-212-299 77 30.

Übernachten

Mandarin Oriental***, 80 Columbus Circle/60th Street, Tel. 0212-8058800, Fax 0212-8058888, monyc-reservations@mohg.com, www.mandarinoriental.com.** Dieses Luxushotel erstreckt sich vom 19. bis zum 35. Stock des Time Warner Center.

Empire Hotel**, 44 W. 63rd St., Tel. 0212-2657400, Fax 0212-2657401, www.empirehotelnyc.com.** Hotel mit exotischem Flair und Swimmingpool auf dem Dach.

Essen und Trinken

Per Se, Time Warner Center, 10 Columbus Circle, Tel. 0212-8239335. New Yorks feinstes Restaurant. Zwei Monate im Voraus reservieren.
Mermaid Inn, 568 Amsterdam Ave./87th Street, Tel. 0212-7997400. Eines von New Yorks besten Fischrestaurants.
Barney Greengrass, 541 Amsterdam Ave./86th Street, Tel. 0212-7244707. Traditionelles jüdisches Fischrestaurant und -geschäft, berühmt für seine Bagels, Lox, Kaviar und Heringe.
Zabar's, 2245 Broadway/80th Street. Das ultimative New Yorker Deli: Croissants, Käse und Kaffee aus aller Welt.

Ausgehen

Ding Dong Lounge, 929 Columbus Ave./106th Street. Punkbar mit Livebands.

U-Bahn-Stationen

Columbus Circle (A, B, C, D, 1), 66th Street (1), 72nd Street (1, 2, 3, C), 79th Street (1), 81st Street (C), 86th Street (1, C), 96th Street (1, 2, 3, C).

1 Im Ansonia Hotel wohnte einst Gustav Mahler. **2** In der Bar des Empire Hotels ruhen sich Gäste auf goldenen Hockern aus. **3** Einen exotischen Touch hat dieses Haus gewiss. **4** Die Suite inspiriert zu wilden Träumen. **5** Gäste kuscheln sich gern in die Sofas der Empire-Bar.

Home Sweet Home
Harlem: Wieder auf Hochglanz

Im einstigen Drogenviertel werden hübsche Reihenhäuser für mehrere Millionen Dollar verkauft. Die Bevölkerung swingt wie eh und je in Gospelkirchen und Jazzlokalen.

Als Bill Clinton im Jahr 2000 aus seinem Job ausstieg, musste er sich nach einem neuen Büro umsehen. Da seine Frau als Senatorin von New York kandidierte, beschloss er, sich unter Freunden niederzulassen. Wer ihn bei beiden Wahlen sehr unterstützt hatte, war die afroamerikanische Bevölkerung. Deshalb schlug er in Harlem, dem traditionellen Zentrum der schwarzen Kultur, seine Zelte auf. Heute residiert Bill Clinton in einem hohen Bürohaus an der 55 West 125th Street.

Seitdem ist Harlem zum Immobilienmekka aufgestiegen: Majestätische Backsteinreihenhäuser aus dem 19. Jahrhundert werden für mehrere Millionen Dollar gehandelt. Gentrifizierung nennt man den Prozess. Da Manhattan aus allen Nähten platzt, mischen sich von der 100. bis zur 145. Straße immer mehr einkommensstarke Neuankömmlinge unter die alteingesessene Bevölkerung. Seit 1995 sind die Immobilienpreise in der Gegend um unglaubliche 337 Prozent angestiegen, während die Mordrate um 77 Prozent sank. Harlem ist damit nicht gefährlicher als das ebenso große Seattle.

Die afroamerikanische Bevölkerung zog Anfang des 20. Jahrhunderts aus dem Süden zu, als die Fabriken im Norden jede Menge Arbeitskräfte suchten. 40 Jahre nach der Beendigung des amerikanischen Bürgerkriegs wohnten Schwarze und Weiße noch streng getrennt, und die deutschen und irischen Einwanderer, die hier hübsche Häuserzeilen errichtet hatten, verließen fluchtartig die Gegend. Harlem erlebte nach dem Ersten Weltkrieg eine kulturelle Blüte: Schriftsteller wie Langston Hughes und Zora Neale Hurston ergründeten in ihren Werken die afroamerikanische Identität. Musiker wie Duke Ellington und Count Basie schufen in der Zeit um den Zweiten Weltkrieg Meisterwerke des Jazz. Musik ist auch heute noch ein wichtiges Bindemittel, das die »community« zusammenhält. Am Sonntagvormittag ertönt ein lautes »Halleluja« aus Hunderten Gotteshäusern in Central Harlem zwischen Fifth Avenue und Frederick Douglass Boulevard.

1 In Harlem finden sich Hunderte Kirchen. Am berühmtesten ist die Abyssinian Baptist Church. Sie wurde bereits 1808 gegründet.
2 Der Jazz hat in Lokalen wie dem Cotton Club und dem St. Nick's Pub Tradition. **3** Schalverkäuferinnen auf der Lenox Avenue.
4 Gepriesen wird der Herr bei der Sonntags-Gospelmesse.

Der wöchentliche Kirchgang gehört für viele »Harlemites« so zum Programm wie das Amen im Gebet. Frauen ziehen sich hübsche Kostüme und Kleider an und setzen sich breitkrempige Hüte auf, im Sommer aus Seide und Stroh, im Winter aus Filz und Fell. Hunderte Menschen strömen am Tag des Herrn in die Abyssinian Baptist Church auf dem Odell Clark Place (vormals 138. Straße), eine der traditionsreichsten Kirchen in Harlem. Die Pastoren predigen hier schon seit über 200 Jahren das Evangelium. Auch Touristen sind hier gern gesehene Gäste. Besonders am Thanksgiving-Tag, dem Erntedankfest, Ende November, schreit sich Pastor Calvin O. Butts die Seele aus dem Leib. »Wer will einen Truthahn für eine arme Familie spenden?«, feuert er seine Gemeinde an. »Der Herr in der roten Jacke in der dritten Reihe. Gott segne Sie!« »This little light of mine, I'm gonna let it shine«, stimmt daraufhin der mächtige Chor auf dem Balkon an und so manch anderer Kirchenbesucher überlegt sich, ob auch er sein Licht in Form einer Geldspende leuchten lassen soll.

Lana Turner ist schon jahrelang Mitglied der Kongregation. Die ehemalige Event-Organisatorin von Bill Clinton sattelte auf Immobilienmaklerei um und profitierte vom Boom. Doch auch zu Zeiten, als Harlem brach lag, veranstaltete sie in ihrer Wohnung auf der Convent Avenue Filmfestivals und Lesegruppen. Den Lokalkolorit ihres Heimatbezirks weiß sie zu schätzen: Am Montagabend kann man sie im legendären Cotton Club dabei bewundern, wie sie einen flotten Boogie-Woogie aufs Parkett hinlegt.

Zu einer erneuten künstlerischen Blüte von Harlem leistet sicher auch die deutsche Schmuckdesignerin Katrin Zimmermann ihren Beitrag. Gemeinsam mit ihrem Partner, dem Englischprofessor Michael John Downie, hat sie das Projekt »Renaissance in Motion« ins Leben gerufen. Die beiden greifen auf die Tradition der Harlemer Kunstsalons zurück. In den 20er- und 30er-Jahren trafen sich viele afroamerikanische Maler, Dichter und Musiker in Privatwohnungen, um ihre Werke zum Besten zu geben. Veranstaltungen von »Renaissance in Motion« finden vor einem gemischtrassigen Pub-likum von Intellektuellen in den neu renovierten »Brownstone«-Reihenhäusern statt. Als Eindringling in Amerikas schwarze Hauptstadt hat sich die feinfingrige Katrin noch nicht fühlen müssen. »Unser Haus war ausgebrannt und stand zehn Jahre leer«, berichtet sie. »Unsere Nachbarn waren froh, dass wir es revitalisiert haben.«

Ähnliche Meinungen äußert auch Alvin Reed, der Besitzer der legendären Art-déco-Bar »Lenox Lounge«. »Es ist gut, dass neues

1 Frittiertes Hähnchen zählt hier zu den Spezialitäten. **2** Paulette Gay ist die »Scarf Lady«. **3** Die Graffitis drehen sich natürlich um Basketball. **4** Flotte Klamotten gibt es am Betty-Shabaz-Markt. **5** Kunstvoll flicht die Friseurin der Kundin die Zöpfe. **6** Harlem ist auch ein Mekka für junge Mode.

zu 80 Prozent von besser situierten Menschen bewohnt werden und 20 Prozent für Einkommensschwächere reserviert werden. »Ich selbst bin hier in einer armen Familie aufgewachsen. Aber in meinem Haus wohnten auch Lehrer, Anwälte und Doktoren, Leute, an denen ich mir ein Beispiel nehmen konnte.«

Wo Charlie Parker einen über den Durst trank und Langston Hughes seine Gedichtvignetten »Shakespeare in Harlem« schrieb, haben jetzt schicke Läden und Cafés aufgesperrt. An der Ecke Lenox Avenue und 120. Straße wird im italienischen Café »Set-tepani« Cappuccino mit einer großen Schaumhaube serviert. »Turning Heads«, ein elegant gestylter Friseursalon, wie es ihn hier seit 60 Jahren nicht gab, befindet sich im selben Häuserblock. Ein Hauch von Karibik dringt aus dem opulenten Hudson River Café an der Ecke Twelfth Avenue und der 133. Straße. Hier treffen sich junge »movers and shakers« zur »Happy Hour«. Sie sitzen auf der Terrasse mit Blick auf den Fluss und lassen

Blut in die 125. Straße gepumpt wird.« Auf den zebragestreiften Bänken seiner Bar lauschte schon Billie Holiday der Musik, bevor sie selbst das Mikrofon ergriff. »Aber wir dürfen nicht die Leute vergessen, die schon lange hier leben und sich jetzt ihre Miete nicht mehr leisten können.« Reed plädiert dafür, dass Neubauten

1 In heißen Nächten heben Harlemites auch gern einen auf der Straße. **2** Societylady Lana Turner vergnügt sich gern montags beim Boogie Woogie-Abend im Cotton Club. **3** Kurator Michael Henry Adams hat sein Apartment mit Antiquitäten bestückt. **4** Freundliche Gesichter bei einem Guest House. **5** Duftendes Hähnchen bei »Miss Maude's Spoonbread Too«.

sich die Spareribs in Guavensauce munden. Und dann darf natürlich auch nicht das »Soul Food« vergessen werden. In gemütlichen Lokalen wie »Sylvia's«, »Amy Ruth's« und »Miss Maude's Spoonbread Too« wird allein durch den Namen schon klar, dass hier jeweils eine Frau erfolgreich das Kommando führt. Wie in Alabama und Mississippi braten Köchinnen Hühnchen in Barbecuesauce und servieren dazu Maisbrot, Süßkartoffeln und gedämpfte Kohlblätter in einer butterigen Mehlsauce.

Wie zu Hause fühlen sich Reisende im Bed & Breakfast »Efuru Guest House« am hübschen Mount Morris Park, wo auch Amerikas wohl berühmteste lebende Dichterin, Maya Angelou, wohnt. Die Besitzer legten zwei alte Reihenhäuser zusammen und richteten sie ganz im afrikanischen Stil ein. Reisende schlafen in geräumigen Zimmern. Das »Two Bedroom Apartment« umfasst sogar ein Jacuzzi, eine Küche und eine Gartenterrasse.

Das »Studio Museum in Harlem« in der 125. Straße zeigt seit 1968 Werke afroamerikanischer Künstler. In Wechselausstellungen wird immer wieder das Werk von bedeutenden Malern wie

Romare Bearden präsentiert. Der Schüler von George Grosz war in der Bürgerrechtsbewegung der 60er-Jahre aktiv. In seinen Collagen vermischte er Szenen aus dem ländlichen Süden mit dem urbanen Norden und Mythen der Antike.

Ein griechischer Gott wacht auch seit mehr als 75 Jahren über Harlems traditionsreichsten Veranstaltungsort, das Apollo Theater. Jeden Mittwoch um 19.30 Uhr kommt Spannung im Saal auf. Da versuchen junge Talente ihr Glück auf der Bühne. Die »Amateur Night« ist so etwas wie ein Vorbild für Shows wie »Deutschland sucht den Superstar«. Die Karriere von Musiklegenden wie Sammy Davis junior und Michael Jackson nahm hier ihren Anfang. »New York, are you ready? Make some noise!«, feuert der »Master of Ceremonies« in der karierten Jacke und dem riesigen Pelzhut die Zuschauer an. Im neobarocken Ambiente versucht heute die zehnjährige Michelle Marie, ein stoppellockiges Mädchen im Glitzerkleid, ihr Glück. »You're gonna love me«, aus dem Musical »Dreamgirls«, schmettert sie mit ihrer Bombenstimme. Das Publikum johlt. Zuschauer aus der »neighborhood« sowie aus Vermont, dem »weißesten« Bundesstaat der USA, geben sich ein High Five. In Obamas Amerika rücken alle ein wenig näher zusammen.

Zeit für Harlem

Sehenswertes

Studio Museum in Harlem, 144 W. 125th St., www.studiomuseum.org. Harlems Kunstmekka. Werke von afroamerikanischen Künstlern.
Abyssinian Baptist Church, 132 Odell Clark Place, www.abyssinian.org. Eine der ältesten afroamerikanischen Kirchen in den USA. Messen sonntagvormittags.
Harlem Your Way Tours, www.harlemyourwaytours.org. Maßgeschneiderte Führungen durch Amerikas schwarze Hauptstadt.
Renaissance in Motion, www.renaissance-in-motion.org. Veranstaltungsprogramm in Harlems historischen Häusern.

Übernachten

Efuru Guest House**, 106 W. 120th St., Tel. 0212-9619855, lydia@efuru-nyc.com. Schmuckes Bed & Breakfast mit geräumigem »Two Bedroom Apartment«.

Essen und Trinken

Hudson River Café, 697 W. 133rd St., Tel. 0212-4919111. Elegantes Restaurant mit Blick auf den Hudson. Karibische Spezialitäten. Schicke Happy Hour.

Settepani, 196 Lenox Ave./120th Street, Tel. 0917-4924806. Treffpunkt von Harlems Hautevolee.
Sylvia's, 328 Lenox Ave., Tel. 0212-9960660. Die Besitzerin rühmt sich die »Queen of Soul Food« zu sein. Sonntagsbrunch besonders begehrt.
Amy Ruth's, 113 W. 116th St., Tel. 0212-2808779. Southern Style Breakfast mit Waffeln und Speck vom Feinsten.
Miss Maud's Spoonbread Too, 547 Lenox Ave., Tel. 0212-6903100. Seafood Gumbo, BBQ Wings.

Shopping

Malcolm Shabazz Harlem Market, 52 W. 116th St. Straßenmarkt mit Kunsthandwerk aus Afrika.

Ausgehen

Lenox Lounge, 288 Lenox Ave., Tel. 0212-4270253, info@lenoxlounge.com, www.lenoxlounge.com. Jeden Abend Jazzkonzerte im Art-déco-Ambiente.
Apollo Theater, 253 W. 125th St., Tel. 0212-5315300, www.apollotheater.org. »Amateur Night« jeden Mittwoch.
Cotton Club, 656 W 125th St., Tel. 0212-6637980. Montagabends Swing Night mit Live Band.
St. Nick's Jazz Pub, 773 St. Nicholas Ave./149th Street, Tel. 0212-2839728. Samstags afrikanische Musik.

U-Bahn-Stationen

116th Street (B, C und 2, 3), 125th Street (A, B, C, D und 2, 3), 135th Street (B, C und 2, 3).

Außenbezirke

Das Hudson Valley beeindruckt besonders im Herbst, wenn die Bäume in den buntesten Farben leuchten.

A Brooklyn State of Mind
Brooklyn Heights: No stress!

Die Uhren gehen anders in Brooklyn. Wenn sich die Bewohner des Bezirks in den Vorgarten ihres Reihenhauses setzen und die Zeitung lesen, vergessen sie die Hektik, die auf der anderen Seite des East River herrscht.

Ein einfaches Fischerdorf war Brooklyn, als ein einsames Dampfschiff im Jahr 1814 die Fährverbindung zu Manhattan aufnahm. Ab diesem Zeitpunkt war die Entwicklung der Region nicht mehr aufzuhalten. Brücken und U-Bahn-Linien wurden zwischen Brooklyn und Manhattan aufgezogen. Bis zum Ende des 19. Jahrhunderts war Brooklyn zur viertgrößten Stadt in den Vereinigten Staaten angewachsen. 1898 schloss sich die Stadt mit Manhattan, Queens, Staten Island und der Bronx zu einer riesigen Metropole zusammen.

Mitte des 20. Jahrhunderts war von Wirtschaftswachstum jedoch nicht mehr die Rede. Die weit grassierende Arbeitslosigkeit zog den Drogenhandel nach sich und die einst vorbildlich gepflegten viktorianischen Reihenhäuser schimmelten vor sich hin. In den 90er-Jahren kam es jedoch zu einer Trendwende. Junge Familien, denen Manhattan zu teuer geworden war, begannen historische Heime zu revitalisieren. Heute zählt der größte Bezirk Manhattans unter der jungen, einkommensstarken Bevölkerungsschicht zu einer der beliebtesten Wohngegenden. Reisende würden etwas verpassen, wenn sie Brooklyn die kalte Schulter zeigen. Spazieren sie einmal über die Brooklyn Bridge, fällt jede Großstadthektik von ihnen ab. Am Ende der Brücke führt links eine Treppe zur Washington Street. Nochmals nach links und schon erreichen sie die Front Street und damit das Herz von Dumbo, dem Bezirk »down under the Manhattan Bridge Overpass«. Dumbos alte Lagerhäuser und Fabrikgebäude boten in den letzten 20 Jahren vielen Künstlern Platz für riesige Ateliers. Im Galerienkomplex mit der Nummer 111 stellt sogar Avantgarde-Größe Robert Wilson aus. Der tonangebende Regisseur und Maler zeigt in der Watermill Brooklyn Gallery neben seinen eigenen Werken auch 8000 ausgefallene Objekte und Bilder, Skulpturen und Videos von jungen Künstlern, die er für vielversprechend hält.

Aus einem Geschäft auf der parallel zur Front Street verlaufenden Water Street strömt der Geruch von gerösteten Kakao-

1 Heißes Eisen auf der Water Street in Dumbo. **2** Von Afrika inspirierte Mode. **3** Straßenmusik in Brooklyn. **4** Die Brooklyn Bridge verbindet zwei riesige Stadtteile.

1 Eine hasidische Familie genießt von Dumbo den Blick. **2** Romantische Brownstones in Brooklyn Heights. **3** Bewohner benutzen hier gern ihre Fahrräder. **4** Eine gediegene Mahlzeit in Downtown Brooklyn.

bohnen. Jacques Torres bereitet in seiner Manufaktur Köstlichkeiten wie Trüffeln mit Taittinger-Champagner zu, witzig wie Sektkorken geformt. Zu Halloween starren grüne Augäpfel mit Bitterschoko-ladenpupille aus dem Geschäft, aus denen bei Anbiss »Blut« in Form von Himbeercreme fließt.

Wendet man sich wieder in Richtung Brooklyn Bridge, erreicht man die Brooklyn Heights Esplanade, eine breite autofreie Promenade über dem Brooklyn Queens Expressway. Obwohl dieser breite Fußweg so nahe zur Autobahn verläuft, ist der Verkehr hier kaum zu spüren. Stattdessen genießen Spaziergänger den atemberaubenden Blick auf das Finanzzentrum von Manhattan, die Freiheitsstatue und das Meer. Brooklyn Heights gilt als erster Vorort der Vereinigten Staaten. Bereits in den dreißiger Jahren des 19. Jahrhunderts entflohen Bankiers dem Gewirr der Wall Street und bauten sich hübsche zweistöckige Ziegelhäuser mit hübschen kleinen Vorgärten. Um den Wohnsalon vor Hochwasser zu schützen, legten sie ihn zwei Meter über Straßenniveau an. Deshalb muss man auch noch heute über eine steinerne Eingangstreppe zum Haus hinaufsteigen. Diese Treppe, auf Englisch »stoop« genannt, wurde zum Symbol für Brooklyns Gemütlichkeit. Hier spielt sich das Gesellschaftsleben ab. Nachbarn setzen sich zu einem Tratsch zusammen, während ihre Kinder auf Stützfahrrädern durch die kopfsteingepflasterten Straßen rattern.

Marilyn Monroe und Arthur Miller wohnten Ende der 50er-Jahre in der Montagu Street, der Hauptstraße von Brooklyn Heights. Wandert man auf der verträumten Hicks Street Richtung Atlantic Avenue, hat man das levantinische Zentrum von Brooklyn erreicht. Rund um das riesige libanesische Delikatessengeschäft Sahadi's bieten Händler Waren aus dem Vorderen Orient feil: Henna, eingelegte Zitronen und duftende Pitabrote mit Sesamkruste. Ganz anders ist die Atmosphäre in Williamsburg, Brooklyns Magnet für hippe Typen rund um die Bedford Avenue. Schätzungen zufolge sollen hier 100 000 junge Künstler wohnen! Viele von ihnen haben sich schon mit ihrer Graffitisignatur auf den Miethäusern aus dem 19. Jahrhundert verewigt. In ihren bunten

Secondhandklamotten lassen sie eine Brooklyner Tradition aufleben: Bezirksbier trinken. In der »Brooklyn Brewery« in der 11th Street wird dem Ernte-dankfest sogar mit einem eigenen Kürbis-Ale gedacht. Bei den samstäglichen Führungen fließt Gratisgerstensaft in Strömen. Wer ein echter Hipster ist, weiß, wie man auch ohne Geld und Hektik das Leben genießen kann.

Zeit für Brooklyn Heights

Sehen und Erleben

111 Front Street. Kunstzentrum im Herzen von Dumbo. 14 Galerien, darunter Robert Wilsons »Watermill Brooklyn Gallery«, www.safetygallery.com.
Dumbo Arts Center, 30 Washington St., www.dumboartscenter.org. Aufstrebende Künstler stellen in dem alten Fabrikgebäude aus.
Brooklyn Heights Esplanade. Promenade mit fantastischem Ausblick auf die Südspitze von Manhattan. Von der Brooklyn Bridge rechts abbiegen.

Übernachten

Le Jolie*, 235 Meeker Ave. (Williamsburg), Tel. 0718-6252100, Fax 0718-6257100, info@hotellejolie.com, www.hotellejolie.com.** Gemütliches, modernes Hotel nur 10 U-Bahn-Minuten außerhalb von Manhattan.

Essen und Trinken

Grimaldi's Pizzeria, 19 Old Fulton St. (Dumbo), Tel. 0718-8584300. Die angeblich beste Pizza in New York.
Brooklyn Ice Cream Factory, Old Fulton Street (Dumbo). Täglich frisch gerührtes Eis in alter Hafenfeuerwehr unter der Brooklyn Bridge.
Brooklyn Brewery, 79 N. 11th St. (Williamsburg), Tel. 0718-4867422, www.brooklynbrewery.com. Jedes Wochenende Brauereiführungen mit Gratisbier.
Baci i Abbracci, 204 Grand St. (Williamsburg), Tel. 0718-5996599. Authentische italienische Küche aus Sorrent. Herrlicher Gastgarten im Hinterhof.

Shopping

Jacques Torres Chocolate Factory, 66 Water St. (Dumbo). Schokolade vom Feinsten.
Brooklyn Industries, 162 Bedford Ave./North 8th Street (Williamsburg). Hippe Klamotten mit dem Brooklyn-Logo.
Sahadi's, 187 Atlantic Ave. (Brooklyn Heights). Delikatessen aus dem Vorderen Orient.

U-Bahn-Stationen

Dumbo: York Street (F), Brooklyn Heights: High Street (A), Williamsburg: Bedford Avenue (L).

New Kids on the Block
Park Slope: Kinder, Küche, Kultur

Das denkmalgeschützte Viertel rund um den Prospect Park kann mit den vornehmen Gegenden Manhattans durchaus konkurrieren. Neben jeder Menge Kunst genießen Familien hier auch viel frische Luft.

»Mami, wieso haben wir Matildas Daddy schon so lang nicht mehr gesehen?«, fragt die kleine Lilly Rose ihre Mutter. »Weil er ganz weit weg ist.« »Wo ist er?« »Im Himmel.« Bei diesem in Brooklyn aufgeschnappten Gespräch geht es nicht um irgendwen. Mit »Matildas Daddy« ist Hollywood-Star Heath Ledger gemeint, der 2008 an einer Überdosis Schlaftabletten verstarb. Heath Ledger war mit seiner Freundin, Schauspielerin Michelle Williams, im Jahr 2005 nach Brooklyn gezogen, um ihr gemeinsames Baby fern von der Traumfabrik aufzuziehen. Hier fanden sie ein gemütliches, 100 Jahre altes Brownstone-Haus mit kunstvoll geschmiedetem Zaun und Garten im Hinterhof. Auf der Straße begegneten ihnen andere hübsche junge Paare in lässigen J.-Crew-Outfits und putzigem Baby im Bugaboo-Buggy. Niemand verlangte ein Autogramm oder zückte die Digitalkamera. In aller Ruhe tranken Heath und Michelle bei Starbucks ihren Cappuccino und brachten Matilda zum Montessori-Musikkurs.
Matilda und ihre Mama leben nach Heath' Tod weiterhin in Boerum Hill, einem Ausläufer von Park Slope, einer von New Yorks größten denkmalgeschützten »neighborhoods«. Auf den ruhigen Straßen wachsen Ahornbäume. Sie verleiten zum langen Schlendern durch die Gegend. Auf Park Slopes Fifth Avenue finden sich viele kleine Restaurants, die kulinarische Wunderwerke aus Biogemüse zaubern. In den Bookstore-Cafés schmökern Besucher stundenlang bei einer Tasse Tee in Büchern.
Park Slope kam Anfang der 90er-Jahre so richtig in Mode. Damals zogen viele junge Familien in die Gegend, denen Manhattan zu teuer geworden war. Ihre Knirpse fanden hier viel Auslauf. Prospect Park wurde genau wie der Central Park von Frederick Law Olmsted und Calvert Vaux 1867 angelegt, ist aber noch wilder, romantischer, uriger. Besucher von Manhattan nehmen am besten die Metro 2 oder 3 bis Grand Army Plaza. Wenn sie aus dem Untergrundtunnel an die Oberfläche kommen,

1 Auch mit dem Mofa flitzen Bewohner in ihrer »neighborhood« herum. **2** Die herzigen Hündchen warten am Fenster sehnsüchtig auf ihren Ausgang. **3** Straßenmusiker in Park Slope schlagen gern einen folksigen Ton an. **4** Romantische Abendstimmung bei der Brooklyn Bridge, dem Symbol des Bezirks.

1 Das Brooklyn Museum of Art – Konkurrenz für das Metropolitan Museum. **2** Die ägyptische Sammlung beeindruckt durch ihre Vielfalt. **3** Die Brooklyn Bridge inspirierte Malerin Georgia O'Keefe. **4** Frühe ägyptische Statue. **5** Die amerikanische Galerie im Brooklyn Museum of Art. **6** Landschaftsmalerei von Alfred Bierstadt.

erkennen sie, wieso die im 19. Jahrhundert eigenständige Stadt Brooklyn Manhattan Konkurrenz machte. Ein imposanter Triumphbogen aus dem Jahr 1892 steht auf der Mitte des Platzes. Dieser erinnert an die Soldaten und Matrosen, die im amerikanischen Bürgerkrieg ihr Leben lassen mussten. Auf dem nach Pariser Vorbild gestalteten Bogen steht Lady Columbia, das Symbol der Vereinigten Staaten, und lenkt vier vor Kraft strotzende Pferde von ihrem Streitwagen.

An der Ostseite des Platzes, auf dem Eastern Parkway, glänzt Spaziergängern die riesige Pforte der Brooklyn Public Library entgegen. 15 goldene Figuren aus der amerikanischen Literaturgeschichte sind hier verewigt: die Ehebrecherin Hester Prynne aus Nathaniel Hawthornes Puritanerroman »Der scharlachrote Buchstabe«, der Langschläfer Rip van Winkle aus Washington Irvings Kurzgeschichte und der mysteriöse Rabe aus Edgar Allan

Poes Schauergedicht. Den Architekten des schlichten Art-déco-Gebäudes diente ein aufgeschlagenes Buch als Inspirationsquelle. Von einer schmalen Vorderseite, der Pforte, öffnet sich das Haus in Fächerform nach hinten.

Gleich neben der Bibliothek prangt das Brooklyn Museum, das man beim ersten Hinsehen fast mit dem Metropolitan Museum verwechseln kann. Im Gegensatz zu dem Kunsttempel auf der Upper East Side wurde das Brooklyn Museum durch einen modernen gläsernen Eingangsbereich erweitert, der Besucher direkt in den Bauch des Hauses eindringen lässt. Auf 52 000 Quadratmeter Fläche vereint es Schätze aus vielen Epochen und Kulturen. Wie kein anderes Museum rückt es jedoch das Erbe der amerikanischen Ureinwohner ins Licht. In der großen Halle gleich hinter dem Eingangsbereich sticht eine exzellente Sammlung indianischer Objekte ins Auge. Reichlich bestickte Kachina-Puppen der Pueblo-Indianer finden sich hier ebenso wie ein Porträt der Sioux-Schönheit Handsome Morning. Einzigartig ist auch die neue Sammlung feministischer Kunst. Ein ganzer Raum ist dem Kunstwerk »The Dinner Party« von Judy Chicago gewidmet. Auf einem riesigen dreieckigen Banketttisch hat die Künstlerin goldene Kelche und individuell gestaltetes Porzellan für Frauen gedeckt, die Geschichte machten. Die Naturphilosophin Hildegard von Bingen ist hier ebenso vertreten wie die Renaissancekünstlerin Artemisia Gentileschi und die Schriftstellerin Virginia Woolf. Kacheln auf dem Fußboden tragen die Namen von 999 weiteren Frauen. Die Künstlerin wollte mit ihrem Werk auf den Umstand aufmerksam machen, dass Frauen in den Annalen der Geschichte zumeist ausgelassen wurden. Die dreieckige Form symbolisiert die Gleichwertigkeit aller Frauen. Keine sitzt am Kopf des Tisches.

Im Brooklyn Botanic Garden gleich neben dem Museum pflanzten Gärtner bei seiner Gründung im Jahr 1910 mehr als 200 Kirschbäume. Wenn Millionen von zartrosa Blüten im Frühjahr sprießen, kann sich niemand dem Charme des Parks und seinem Duft entziehen. Wie in Japan lustwandeln Besucher hier über eine kleine Brücke, die über einen sinnlich geschwungenen Teich führt, und fühlen, wie Mensch und Natur in Harmonie leben können.

Der Botanic Garden ist Teil des Prospect Park. Auf der 36 Hektar großen »Long Meadow«, der größten Wiese in einem amerikanischen Park, spielen Jungs gern Baseball und Mädchen üben sich

1 Glashaus im Botanischen Garten von Brooklyn. **2** Lady Columbia steht auf ihrem Streitwagen auf dem Triumphbogen auf der Grand Army Plaza. **3** Der japanische Garten. **4** Ganz schön mächtig: die goldene Pforte der Brooklyn Library. **5** King Size-Bett im Hotel Le Bleu.

im Fußball, das in den USA an Popularität gewinnt. Auf 2,4 Quadratkilometern vergessen Spaziergänger, dass sie sich in einer Metropole befinden. Sie schlendern an Wasserfällen vorbei, beobachten Vögel beim Nestbauen oder leihen sich bei den »Kensington Stables« ein Pferd aus.

Wenn im Winter die Temperaturen in den Keller fallen, gehen Kinder gern ins Brooklyn Children's Museum auf Entdeckungsreise. Das erste Kindermuseum der Welt wurde bereits im Jahr 1899 gegründet. Die Mitarbeiter des 2008 renovierten Ökohauses sind stolz auf die 30 000 Objekte in seiner Sammlung. Kinder bauen hier ihr eigenes Spielzeug und fahren in afrikanischen Autos aus Getränkedosen um die Wette. In einem Mini-Brooklyn wandern sie an Geschäften aus aller Welt vorbei, kaufen Ghee aus Indien oder wiegen mexikanische Bohnen.

Familiär geht es auch im Hotel Le Bleu zu. Wenn Gäste das Haus betreten, begrüßt sie der Concierge gleich mit dem Vornamen. »Casual American« nennt man das. Ein blauer Streifen zieht sich durch das moderne Ambiente – von der Bettdecke zu den Kissen bis zum stimmungsvollen indigofarbenen Licht, das abends im Zimmer eingeschaltet werden kann. Verliebte Paare fühlen sich hier besonders wohl. Sie müssen sich keine Minute aus den Augen lassen, denn das Badezimmer ist vom übrigen Raum nur durch eine Glaswand getrennt. Frühstück ist hier im Preis einbegriffen. Und zu den Restaurants und Geschäften in der Fifth Avenue ist es nur ein Katzensprung.

Ein echter italienischer Barbiero werkt in der Seventh Avenue/Ecke 4th Street. »Park Slope Barber« ist einer der ältesten Herrenfriseure der USA. Die Männer der Fiumefreddo-Familie schneiden und rasieren hier schon seit 1903. Kunden setzen sich auf die mit rotem Leder bezogenen Friseurstühle, und schon vollzieht der 80-jährige Figaro mit dem breiten Brooklyner Akzent seine Handgriffe. Schwuppdiwupp, und schon hat er dem Kunden einen »White Boy Hair Cut« verpasst – gerade Stirnfransen und rasierter Nacken. Er drückt ein paar Knöpfe auf der alten bronzenen Kasse, die – tsching – das Wechselgeld ausspuckt.

»Two Boots Pizza« auf der 2nd Street (zwischen Seventh und Eighth Avenue) ist nach den zwei landschaftlichen »Stiefeln« –

Zeit für Park Slope

Sehen und Erleben

Brooklyn Museum of Art, 200 Eastern Parkway, Tel. 0718-6385000, www.brooklynmuseum.org. Zweitgrößtes Museum New Yorks. Eindrucksvolle ägyptische, indianische und feministische Sammlung.
Brooklyn Public Library, Grand Army Plaza, Tel. 0212-4233500, www.brooklynpubliclibrary.org. Beeindruckendes Art-déco-Gebäude in Buchform mit riesiger goldener Pforte. Interessante Gratisausstellungen, zum Teil von Künstlern aus Brooklyn.
Prospect Park. 2,4 Quadratkilometer Natur, Zoo, Eislaufplatz, größte Parkwiese Amerikas.
Brooklyn Botanic Garden, 1000 Washington Ave., Tel. 0718-6237200, www.bbg.org. 11 000 Pflanzen aus der ganzen Welt. Japanischer Garten, Garten für Kinder, Duftgarten.
Brooklyn Children's Museum, 145 Brooklyn Ave., Tel. 0718-7354400, www.brooklynkids.org. Interaktives Museum für Knirpse. Wasser- und Sandspiele. Kulturelles Lernen.

Übernachten

Le Bleu*, 370 Fourth Ave., Tel. 0718-6251500, Fax 0718-6252600, info@hotellebleu.com, www.hotellebleu.com.** Modernes Ambiente, freundlicher Service, in der Nähe der Fifth Avenue, der Hauptstraße von Park Slope.

Essen und Trinken

Two Boots Pizza, 514 2nd St., Tel. 0212-4993253. Italo-Cajun-Restaurant. Spezialitäten aus New Orleans.
Al Di Là, 248 Fifth Ave., Tel. 0718-7834565. Klassischer Italiener. Spezialitäten aus dem Veneto wie Hase mit Olivensauce.

Shopping

Park Slope Barber, 223 7th Avenue. 100 Jahre alter italienischer Friseurladen. Szenisch!

Ausgehen

Union Hall, 702 Union St./Fifth Avenue, Tel. 0718-6384400. Riesige, jedoch gemütliche Bar mit Livemusik, offenen Kaminen, Kegelbahn.

U-Bahn-Stationen

Grand Army Plaza (2, 3).

Italien und New Orleans – benannt. Als eines der wenigen Lokale in New York serviert es Pizza sowie Gerichte aus dem »Big Easy« – Jambalaya Reiseintopf mit Huhn, Shrimps, Wurst, Gemüse und jeder Menge scharfer Gewürze. Auch Po'-Boys-Sandwiches mit frittierten Austern, geschmortem Kraut, Tomaten und Chili-Tatar-Sauce gehen hier weg wie warme Semmeln. Diese Cajun-Küche war in den 80er-Jahren in den USA sehr populär, fiel dann aufgrund der kuli-narischen Invasion aus Asien und Lateinamerika etwas in Ungnade. Jetzt ist es an der Zeit, sie – in einer etwas leichteren Form – wiederzubeleben. »Two boots« ist ein fröhlicher Ort. Christbaumlichter in Chiliform leuchten über der Bar, und ein freundliches Papierkrokodil lächelt von der Wand. Besonders ausgelassen geht es beim Mardi Gras, dem Faschingsdienstag, zu. Kinder sitzen dann beim Pizzakoch und formen ein Teigstück so lange, bis es grau ist. Ihre Eltern nuckeln einstweilen an einem großen Glas Hurricane, einem Cocktail mit hellem und dunklem Rum, Maracuja-, Orangen- und Limonensaft und Grenadine. Schnell noch einen Schluck und sie legen ein Tänzchen zu »Yellow Moon« von den Neville Brothers hin. Das kann noch eine lustige Kinderwagenfahrt nach Hause werden!

Borschtsch am Boardwalk
Coney Island: Russisch und Retro

Als Attraktionen galten in der ersten Hälfte des 20. Jahrhunderts der Strand und der Vergnügungspark im Süden von Brooklyn. Der Charme vergangener Zeiten durchweht die Gegend noch immer, vermischt mit dem Aroma von russischen Köstlichkeiten.

Sonne und Strand erwarten New Yorker nur 45 Minuten außerhalb von Manhattan. All jene, die sich die Hamptons (siehe Seite 174) nicht leisten können, setzen sich in die U-Bahn D, F, N oder Q und fahren bis zur Endstation Coney Island/Stillwell Avenue. Sind sie einmal der Metro entstiegen, strömt ihnen nicht die salzige Meeresbrise, sondern der würzige Geruch von Hotdogs entgegen. Gleich gegenüber der weltweit größten oberirdischen Metrostation verköstigt »Nathan's Famous« Wurstliebhaber seit 1916. Schon Al Capone und Cary Grant liebten den riesigen Laden mit der bunten Neonleuchtschrift. Auf die Hotdogs kommen Zutaten wie Sauerkraut, Chili con Carne oder Käsesauce. Das übervolle Brötchen wird dann am besten mit gewellten Pommes frites und gebackenen Zwiebelringen verschlungen. Am 4. Juli, dem Tag der amerikanischen Unabhängigkeit, findet hier alljährlich ein Wettessen statt. Geeichte Bäuche verschlingen dann über 60 »heiße Hunde« in zehn Minuten.

Sonnenanbeter erschnuppern den Weg zum Strand ebenfalls mit der Nase. Auf dem Boardwalk, der fünf Kilometer langen Holzpromenade, vermischt sich der Duft von Zuckerwatte mit dem Aroma von frittierten Muscheln. Corndogs, Hotdogs im Maisteigmantel, sind hier ebenso beliebt wie Shish Kebab mit Barbecuesauce. Im Sommer lassen sich Rentner auf den Bänken goldbraun braten. Am breiten Strand tanzen kurvige Latinas zur neuesten Reggaeton-Nummer, während ihre Sprösslinge eifrig im Sand herumgraben.

Doch nicht nur im Sommer ist der Strand ein beliebtes Ziel für Schwimmer. Von November bis April treffen sich hier auch die »Polar Bears«. Diese Kaltwasserfanatiker glauben, dass ein Bad im Atlantik bei Minustemperaturen abhärtet und Krankheiten vorbeugt. Sie treffen sich immer am 1. Januar mittags um eins, um das neue Jahr mit großem Gespritze und Hallo zu begrüßen. Die grellbunten Verkaufskioske am Boardwalk erinnern an eine Zeit, als Coney Island Anfang des 20. Jahrhunderts einer der

1 Beach Beauties in Coney Island genießen den Sommerurlaub in der Stadt. **2** Ein Ausritt am Motorrad macht an heißen Tagen besonders viel Spaß. **3** Wer am Boardwalk heiratet, muss auch ein paar Brautjungfern mitbringen. **4** Vom Riesenrad blicken die Fahrgäste auf das weite Meer.

1 Am breiten Boardwalk finden viele Spaziergänger Platz. **2** Das Astroland zieht Kinder wie Fliegen an. **3** Winke Winke vom Wurm. **4** Seniorentratsch am Broadway.

größten Vergnügungsparks in den Vereinigten Staaten war. Hinter den Buden ragt der Cyclone in die Höhe, eine hölzerne Achterbahn aus dem Jahr 1927, mehrmals von der Spitzhacke bedroht, doch 1988 unter Denkmalschutz gestellt. Wagemutige stürzen sich 28 Meter in die Tiefe! An Zeiten, als Damen ohne Unterleib, zweiköpfige Kälber und Elefantenmenschen zur Schau gestellt wurden, erinnert die »Coney Island Sideshow« auf der Surf Avenue. Hier verschluckt Heather Holiday spitze Schwerter und der ganz auf Eidechse gestylte »Lizard Man« zeigt seine gespaltene Zunge. Die Artisten mögen zwar die Sensationsgier des Publikums befriedigen, geben jedoch oft auch ein politisches Statement ab. Jennifer Miller, die Dame mit dem Vollbart, widersetzt sich auf charmant-intelligente Weise dem Diktat der Geschlechternormen.

Viele junge Familien fahren nach Coney Island, um das New York Aquarium zu besuchen. 350 Arten von Wassertieren haben auf 56 000 Quadratmetern ein Heim gefunden. Kinderaugen werden größer, wenn sie Haie mit ihren spitzen Zähnen im Becken herumschwimmen sehen. Über ihr ganzes Gesicht lachen die Knirpse, wenn Seelöwen bei der Wassershow in die Hände klatschen und dabei ulkig rülpsen.

Coney Islands schäbiger Charme könnte jedoch bald der Vergangenheit angehören. Bürgermeister Bloomberg genehmigte Pläne, denen zufolge das Areal in ein kleines Las Vegas verwandelt werden soll. Riesige Hotels werden dann aus dem Boden schießen, die vorhandenen alten Achterbahnen sollen jedoch in den Plan integriert werden.

Über diese Wertsteigerung des Bezirks werden sich die Immobilienbesitzer in dem an Coney Island angrenzenden Brighton Beach freuen. »Little Odessa« wird das Viertel auch genannt. Auf der Brighton Beach Avenue reihen sich russische Delikatess- und Souvenirläden dicht aneinander. Calvin-Klein-Lederjacken finden hier zu 150 Dollar reißenden Absatz. Bei »M & I International« türmen sich Räucherlachse, Weißfische und unzählige Arten von Essiggurken in der Auslage. »Primorski« hingegen serviert schmackhafte georgische Gerichte: mit Walnuss gefüllte Auberginenrollen, duftendes warmes Käsefladenbrot und dickflüssigen Borschtsch mit einem Klecks saurer Sahne. Dazu fließt der Wodka in Strömen. Wenn zu vorgerückter Stunde Balalaikaklänge ertönen, nimmt sich der Atlantik wie das Schwarze Meer aus.

Zeit für Coney Island

Sehen und Erleben

New York Aquarium, Surf Avenue/West 8th Street, Tel. 0718-2653474, www.nyaquarium.com. Spaß mit Meerestieren nur einige Dutzend Meter vom Atlantik entfernt.
Coney Island Museum, 1208 Surf Ave./12th St., Tel. 0718-3725159, www.coneyisland.com/museum.shtml, Samstag und Sonntag 12–17 Uhr. Dieses kleine Museum ist der Geschichte des Vergnügungsparks gewidmet.
Coney Island Sideshow, 1208 Surf Ave./12th St., Tel. 0718-3725159, www.coneyisland.com/sideshow.shtml. Das Varieté will die soziale Revolution anfachen.
Polar Bear Swimming, 1. Januar, 13 Uhr. Kaltwasserfanatiker begrüßen das neue Jahr mit einem Sprung in den Atlantik.
Mermaid Parade, am Samstag, der dem 21. Juni am nächsten ist.
Hotdog-Wettessen, am 4. Juli bei »Nathan's«.

Essen und Trinken

Primorski, 282 Brighton Beach Ave., Tel. 0718-8913111. Georgisches Restaurant mit Spezialitäten wie Huhn in Walnusssauce, geräuchertem Stör und Kaviar. Kostengünstiges Mittags- und Abendmenü. Unbedingt Menü und nicht à la carte bestellen!
Café Glechik, 3159 Brighton Beach Ave., Tel. 0718-6160494. Dieses einfache Café ist bekannt für seine russischen Vareniki-Teigtaschen mit Fleisch- und Käsefüllung oder süß mit Marmelade und saurer Sahne.
National, 273 Brighton Beach Ave., Tel. 0718-6461225. Riesiger russischer Supper Club wie aus einem »James-Bond«-Verschnitt. Live Entertainment mit russischen Sängern. Szenisch!
Nathan's Famous, 1310 Surf Ave., Tel. 0718-9462705. Amerikas berühmtester Hotdog-Stand. Überdimensional.

Einkaufen

M & I International Foods, 249 Brighton Beach Ave. Russische Spezialitäten und Souvenirs auf drei Stockwerken. Sogar in Wodka eingelegte Gurken gibt es hier!

U-Bahn-Stationen

Coney Island/Stillwell Avenue (D, F, N, Q), West 8th Street/NY Aquarium (F), Brighton Beach (B).

164 Außenbezirke

..., aber oho!
Queens: New Yorks Anna Magnani

Ein Museum für Filmgeschichte, Louis Armstrongs Wohnstätte und das P.S.1 Zentrum für Gegenwartskunst sind nur einige der Attraktionen, die die Besucher in New Yorks zweitgrößtem Stadtteil erwarten.

Reisende aus Europa betreten in Queens oft zum ersten Mal amerikanischen Boden. Bei einer schnellen Durchfahrt beeindruckt die »hässliche Schwester« von Manhattan und Brooklyn nicht gerade. Besucher der Stadt sollten jedoch zweimal hinsehen, denn Simon & Garfunkels Heimat hat allerlei zu bieten.
Da wäre zuallererst die ungewöhnliche Anfahrt nach Queens – mit einer Seilbahn. Von der Ecke 59th Street und Second Avenue in Manhattan fährt eine knallrote Gondel nach Roosevelt Island. Das gute Stück könnte einem Tiroler Skiort entsprungen sein. Berggefühl kommt jedoch keines auf. Eher ein »Blade-Runner«-Feeling. Wie ein Raumschiff schwebt die Gondel dicht an den Hochhäusern vorbei. Passagiere bekommen einen kurzen Einblick in das Privatleben der New Yorker: Ein Single isst sein Abendbrot auf dem Sofa vor der Mattscheibe. Eine alte Dame frisiert ihren Pudel. Ein viel beschäftigter Generaldirektor diktiert am Telefon. Wenn die Gondel hoch über dem Wasser an der Queensborough Bridge mit ihrem dicht verzweigten Netz von Stahlträgern vorbeizieht, kommt schon ein mulmiges Gefühl auf. Dem japanisch-amerikanischen Bildhauer Isamu Noguchi (1904–1988) machte diese Überfahrt auf die zwischen Manhattan und Queens gelegene Insel nichts aus. Er nahm die Gondel, um zu seinem 1985 errichteten Museum zu kommen. Besucher steigen heute auf der autofreien Roosevelt Island aus und nehmen einen Shuttlebus bis zur Roosevelt Island Bridge. Geht man vom Ende der Brücke auf dem Vernon Boulevard drei Straßen nach Norden bis zur 33rd Road, steht man genau vor dem Museum, einer erstaunenswerten Oase der Stille in der sie umgebenden Industrie. Noguchis schlichte Stein- und Holzskulpturen sind tief in der japanischen Landschaftskunst verwurzelt, wirken in ihrer Abstraktheit jedoch sehr modern. Noguchi war auch ein begnadeter Möbeldesigner und arbeitete gemeinsam mit Ray und Charles Eames für die amerikanische Designfirma Herman Miller. Beim Entwurf seiner einfachen, fächerförmigen Lampenschirme ließ er

1 Schweben über der Skyline: Mit der Gondel geht es nach Roosevelt Island. **2** Alte Schallplatten in Louis Armstrongs Haus. **3** Der Abendverkehr auf der Queensborough Bridge. **4** Stiegenaufgang im Noguchi Museum. Hier laden kontemplative Skulpturen zum Verweilen ein.

1 Auf diesem Klavier im heutigen Louis Armstrong Museum im Stadtteil Flushing in Queens klimperte einst »Satchmo.« **2** Hier kochte Louis Armstrongs Frau Lucille die Lieblingsspeisen ihres Mannes. **3** Das stilvolle Wohnzimmer des Weltklassetrompeters … **4** … und eines seiner Instrumente. **5** Isamu Noguchis organische Skulpturen.

sich von Constantin Brancusi (1876–1957) inspirieren. Diese wurden später von Ikea imitiert. Im Museumsshop können Fans moderner Formgebung sie auch kaufen.

Das Noguchi Museum arbeitet auch mit dem Museum of the Moving Image zusammen, das 15 Straßen östlich Ecke der 35th Avenue und 36th Street in den ehemaligen Kaufman Astoria Studios untergebracht ist, wo in den 20er-Jahren Stummfilme mit Rudolfo Valentino und Tallulah Bankhead gedreht wurden. Das Museum ist der Geschichte des Mediums Film gewidmet und veranstaltet ab und an auch Kinoaufführungen bei den Noguchi-Leuten. Movie-Freaks finden hier alles: von antiken Kameras zu Star-Wars-Figuren und dem gesamten Restaurant-Set aus der »Seinfeld«-Serie. Die interaktiven Abteilungen des Museums sind jedoch besonders eindrucksvoll: So können Besucher zum Beispiel Robert De Niro im Film »Taxi Driver« synchronisieren. Und dabei stellt sich heraus, dass es wahre Schwerstarbeit ist, eine kurze Frage wie »You're talkin' to me?« genau den Lippenbewegungen anzupassen. Das Museum of the Moving Image ist im Stadtteil Astoria gelegen. Diese Gegend ist eine der ethnisch vielfältigsten in ganz Amerika. Griechen, Brasilianer, Inder, Argentinier wohnen hier nebeneinander. Und glücklicherweise haben sie alle ihre kulinarischen Spezialitäten mitgebracht, die in vielen Restaurants im Ofen brutzeln.

Zeit für Queens

Sehen und Erleben

Noguchi Museum, 9-01 33rd Road/Vernon Boulevard, www.noguchi.org, Anfahrt: Gondel von Manhattans 59th Street/Second Avenue auf Roosevelt Island, dann Shuttlebus zum Ende der Roosevelt Brücke und drei Straßen auf der Vernon Avenue bis zur 33rd Road. Kunstwerke des japanisch-amerikanischen Bildhauers, die zur Meditation verleiten.
Museum of the Moving Image, 35th Avenue/37th Street, www.movingimage.us, U-Bahn: G, R, V bis Steinway Street. Die Geschichte des Mediums Films ist hier aufbereitet mit eindrucksvollen interaktiven Exponaten.
P.S.1, 22-25 Jackson Ave./46th Avenue, www.ps1.org, U-Bahn:

5

E, V bis 23rd Street/Ely Avenue oder G bis 21st Street/Jackson Avenue oder 7 bis 45th Road-Court House Square. Ausstellungshaus für Gegenwartskunst. Im Sommer an Samstagen WarmUP-DJ-Partys.
Louis Armstrong House Museum, 34-56 107th St., www.louisarmstronghouse.org, U-Bahn: 7 bis 103rd Street-Corona Plaza. Fast 30 Jahre lebte die Jazzlegende hier. 1600 Musikaufnahmen und viele Memorabilien.
Watertaxi Beach, 2-03 Borden Ave./2nd Street, www.watertaxibeach.com, U-Bahn: 7 bis Vernon Boulevard/Jackson Avenue oder E bis 23rd Street/Ely Avenue. Queens wird chic! Tolle Wohnhäuser und Restaurants am East River. Herrlicher Blick auf die Skyline von Manhattan.

Essen und Trinken

Waterfront Crabhouse, 2-03 Borden Ave./2nd Street, Tel. 0718-7294862, Anfahrt am besten mit dem Wassertaxi von Piers in Manhattan oder Brooklyn. Austernbar in altem Saloon.
Jackson Heights, Little India, U-Bahn: E, F, G, R, 7 bis 74th Street/Broadway. Zahlreiche Restaurants mit Küche vom Subkontinent.
Taverna Kyclades, 33-07 Ditmars Boulevard, Tel. 0718-5458666, U-Bahn: N, W bis Ditmars Boulevard. Bodenständige griechische Küche. Grillspezialitäten.

Ein Labor für Gegenwartskunst ist P.S.1 in Long Island City. Dieser Stadtteil am East River hat sogar einen eigenen Strand bei Hunters Point, von wo Besucher von den Restaurants am Wasser den besten Blick auf die UNO-Gebäude in Manhattan genießen. Seit seiner Gründung im Jahr 1971 bietet P.S.1 Künstlern in einem alten Schulgebäude Platz für Experimente. Besonders beliebt ist das »Young Architects Program« im Sommer. Der Preisträger unter den jungen Architekten stellt dann sein ungewöhnliches Konstrukt im Hof des Zentrums aus. An Samstagen spinnen DJs aus aller Welt ihre Musik und das gesamte Areal verwandelt sich in eine große Party.
Wäre Louis Armstrong (1901–1971) noch am Leben, würde er dort sicher mitswingen. Satchmo wohnte 28 Jahre im Viertel Corona, in dem damals afroamerikanische und weiße Bürger des Landes in Frieden zusammenleben konnten. Sein Wohnhaus blieb auch nach seinem Tod unverändert. An den Wänden kleben schrille Tapeten aus den 60er-Jahren und im Wohnzimmer glänzt eine Selmer Trompete, die die Jazzlegende von König Georg V. bekommen hatte. Das ganze Haus ist von Satchmos Musik und Stimme erfüllt. Viele Fans finden auch heute noch den Weg nach Queens.

Amerikas Rheinland
Hudson Valley: Nur die Lorelei fehlt!

Außerhalb des dicht bebauten Stadtbereichs ranken sich rund um New Yorks Hausfluss liebliche Wälder auf sanften Hügeln und stehen Paläste, die des europäischen Adels würdig wären. Auch das weltweit größte Museum für Gegenwartskunst befindet sich hier.

Wenn New Yorkern der Lärm der Großstadt zu viel wird, setzen sie sich ins Auto oder in den Zug und sind in nur einer Stunde mitten in der Natur. Mit seinen lieblichen Wäldern, sanften Hügeln und sinnlichen Flusswindungen zählt das Hudson-Tal zu den beliebtesten Ausflugszielen an der Ostküste. Besonders spektakulär geht es hier von Ende September bis Mitte Oktober zu. Dann scheint der Wald in Flammen zu stehen. In allen erdenklichen Gelb-, Orange- und Rottönen leuchten die Blätter während der »fall foliage«, bekannt auch als »Indian Summer«. Kein Wunder, dass die Landschaftsmaler der »Hudson River School« diese Gegend zu ihrem Hauptmotiv wählten.

Aber nicht nur Künstler der Romantik fühlten sich hier wohl. Auch das weltweit größte Museum für Gegenwartskunst öffnete 2003 im Hudson Valley seine Pforten. Das Dia:Beacon beherbergt die Kunstsammlung von Philippa de Menil und Heiner Friedrich aus den 60er- und 70er-Jahren des 20. Jahrhunderts. Nur eine Zugstunde vom Grand Central Terminal entfernt liegt die ehemalige Keksschachtelfabrik, die das Museum für seine Zwecke adaptierte. Günstig für Besucher ohne Auto ist, dass sich die Bahnstation der Stadt Beacon nur einige Gehminuten vom Museum entfernt befindet. De Menil und Friedrich begeisterten sich schon früh für minimalistische, großflächige und konzeptuelle Werke. In den 80er-Jahren zeigten sie ihre Sammlung in einem Gebäude im New Yorker Stadtteil Chelsea, als dort von Kunst noch nicht die Rede war. Als ihnen die Räumlichkeiten zu klein wurden, expandierten sie nach Beacon. Die Fabrikgebäude eigneten sich deshalb gut für ihre Zwecke, da sie durch Oberlichte von insgesamt 3000 Quadratmetern vom Tageslicht durchflutet werden. Viele Werke regen zum Nachdenken an. In einem großen Saal ist Andy Warhols »Shadow«-Serie ausgestellt. Ein Schatten geistert hier in poppigen Farben über 72 Bilder. Von woher kam er und wem gehört er? Und wieso berührt er uns so?

1 Eine Eisenbahnbrücke über den Hudson. **2** Die Baumblüte im Frühling und die rot, gelb und gold gefärbten Blätter im Herbst ziehen viele Reisende an. **3** Viktorianische Häuserzeilen schlängeln sich durch Kleinstädte wie Rhinebeck. **4** Das Hudson-River-Tal bei Hyde Park.

1 Lieblich zieht sich die Hügellandschaft entlang des Hudson. **2** Der Privatpalast von Franklin D. Roosevelt. **3** Ein alter »Drug Store« in Munroe. **4** Das idyllische Dorfzentrum von Kingston. **5** Das Landschloss der Vanderbilt-Familie. **6** Picknick am Fluss bei West Point. **7** Das Dorfmuseum von Munroe.

Tief in die Seele graben sich Louise Bourgeois' schwarze, wabenförmige Skulpturen ein. Sie erinnern an eine Gebärmutter, unser aller erstes Heim. Im halbdunklen Dachgeschoss des Museums hängen sie wie Gestalten in einem lang vergessenen Traum. Beacon liegt im Dutchess County, dem Herzstück des Hudson Valley. Viele Gegenwartskünstler haben sich in diesem Landkreis niedergelassen, nachdem ihnen ihre Ateliers in Manhattan und Brooklyn zu klein und zu teuer wurden. Der Brite William Ayton konnte sich hier zum Beispiel ein altes Bauernhaus mit großem Garten leisten. Sein Werk soll zum Weltfrieden beitragen. So stellte er jeden Artikel der Menschenrechtserklärung in einem Zyklus dar. Mit anderen Künstlern stellt Ayton bei regelmäßig stattfindenden Festivals aus. In Beacon sind die Galerien und Geschäfte auch an jedem zweiten Samstag im Monat bis 21 Uhr geöffnet. Das Hudson Valley erinnert an das Rheinland. Nach Deutschlands längstem Fluss sind die beiden malerischen Städtchen Rhinebeck und Rhinecliff benannt. Reisende, die mit dem Zug den Hudson entlangfahren, sollten sich immer auf die linke Seite setzen, um die unmittelbare Sicht auf den Fluss zu genießen. Ein Kind der Region war Franklin Delano Roosevelt (1882–1945), der 32. Präsident der Vereinigten Staaten, der mit seiner »New-Deal«-

Politik Amerika aus der Weltwirtschaftskrise und siegreich aus dem Zweiten Weltkrieg führte. Der Nachfahre eines »Mayflower«-Passagiers wurde auf dem zweieinhalb Quadratkilometer großen Springwood-Anwesen im Städtchen Hyde Park geboren. Hier akzeptierte er 1933 die Wahl zum Präsidenten und empfing den englischen König Georg V. und seine Gemahlin Elisabeth. Wissenschaftler untersuchen Roosevelts Aufzeichnungen und Bücher in der vom Präsidenten gestifteten Bibliothek. Alle nachfolgenden Präsidenten taten es Roosevelt gleich. 1978 wurde die Stiftung einer Präsidentenbibliothek schließlich gesetzlich verankert. Hier finden sich auch Gegenstände aus Roosevelts persönlichem Gebrauch. So zum Beispiel sein Rollstuhl, an den er seit 1921 gefesselt war. Zeit seines Lebens hatte er seine Kinderlähmung jedoch verleugnet, da er fürchtete, dass die Behinderung seiner politischen Karriere ein Ende setzen würde.

Seine Ehefrau Eleanor war politisch mindestens ebenso engagiert wie der Präsident. Die Verfechterin der Menschenrechte und soziale Reformerin nahm Virginia Woolfs Aufforderung ernst, der zufolge jede Frau zumindest ein eigenes Zimmer haben sollte. Sie richtete sich auf dem Anwesen das Landhaus Val-Kill ein, in dem sie bis zu ihrem Tod im Jahr 1962 mit progressiven Denkern zusammentraf. Val-Kill ist das einzige Haus im Bibliothekssystem der Präsidenten, das einer First Lady gewidmet ist.

Franklin Roosevelts Cousine und engste Vertraute Daisy Suckley (1891–1991) bewohnte das Wilderstein-Anwesen in Rhinebeck. Die unverheiratete Societydame begleitete den Präsidenten auf

Hudson Valley 171

1 Die Bibliothek in der Vanderbilt Mansion. **2** Küchenchef Nabil im Restaurant des Red Hook Country Inn. **3** Roosevelts Musikzimmer. **4** Kirschblüte im Culinary Institute of America.

vielen Reisen und war auch in der Stunde seines Todes bei ihm. Nach ihrem Tod, im Alter von fast 100 Jahren, wurde ein alter Lederkoffer unter ihrem Bett gefunden. In ihm verbarg sich der gesamte Briefverkehr zwischen Daisy und Franklin, der manchen Historiker vermuten lässt, dass ihre Beziehung mehr als nur freundschaftlich war. Der Landsitz ist ein Paradebeispiel für den »Queen-Anne«-Architekturstil des ausgehenden 19. Jahrhunderts. Dachfenster, Giebel und Türmchen aus der Tudorzeit sind wichtige Bestandteile dieses Stils. Besucher wandern durch die Zimmer und erfahren, mit welchen exquisiten Einrichtungsgegenständen die amerikanische Noblesse lebte. Daisy Suckleys Heim vermittelt den Eindruck, als würde das ganze Jahr Weihnachten gefeiert werden. Viele architektonische Details erinnern an ein Lebkuchenhaus.

In die Zeit, als Franklin, Eleanor und Daisy jung waren, entführt das Old Rhinebeck Aerodrome. Von Juni bis Oktober vollbringen Piloten in einer originalen Eindecker Blériot XI aus dem Jahr 1911 allerlei Kunststücke in der Luft. Mit dieser Maschine mit offenem Cockpit war 1909 der erste erfolgreiche Flug über den Ärmelkanal geglückt. Auch einige Oldtimer-Fahrzeuge kurven durch die Gegend, und Schauspieler mit bunten Hosenträgern und Strohhüten führen zu Ragtime-Klängen Klamauk auf.

Auch das CIA hat im Hudson Valley eine Niederlassung. Nein, nicht der amerikanische Geheimdienst, sondern das Culinary Institute of America. Wer glaubt, dass Amerikaner nicht kochen können, sollte diesem Koch-Campus einen Besuch abstatten. Zukünftige Küchenchefs zahlen hier über 20 000 Dollar, um die Kunst der feinen Essenszubereitung zu erlernen. In dem ehemaligen Jesuitenseminar kann man in verschiedenen Schauküchen jungen Talenten dabei zusehen, wie sie Fische filetieren und Meringen aus Eiweiß und Zucker zaubern. In fünf Restaurants goutieren Besucher die Früchte der harten Arbeit. Für das italienische Restaurant Caterina de Medici, das französische Lokal Escoffier und die amerikanische »Eatery« American Bounty sind jedoch unbedingt Reservierungen erforderlich.

Das Hudson Valley hat auch erstaunliche Winzereien hervorgebracht. Rund um Rhinebeck können an die 30 Weingüter besichtigt werden. Auf dem »Dutchess Wine Trail« fährt man von Kellerei zu Kellerei und verkostet die besten Weine. Die Winzerei Clinton Vineyards hat sich zum Beispiel auf die Seyval-Blanc-Traube spezialisiert. Schaumwein wird hier nach der »méthode champagnoise« hergestellt. Die Milbrook Vineyards & Winery produziert Tocai Friulano.

Im Red Hook Country Inn im gleichnamigen Städtchen wird so mancher edle Tropfen serviert. Besitzer und Küchenchef Nabil Ayoub bereitet hier Spezialitäten wie Huhn in Champagner- und Weintraubensauce zu, an denen sich schon feine Kunden wie Jacqueline Kennedy und Prinzessin Margret delektierten. Seine Frau Pat führt das viktorianische, liebevoll mit Antiquitäten ausgestattete Bed & Breakfast. Abends relaxen die Gäste vor dem offenen Kamin oder im Whirlpool in der Gartenlaube. Für Flitterwöchner ein Paradies.

Zeit für Hudson Valley

Sehen und Erleben

Dia:Beacon, 3 Beekman St., Beacon, Tel. 0845-4400100, www.diabeacon.org. Weltweit größtes Museum für Gegenwartskunst, mit Werken von Warhol, Bourgeois und Richter. Anfahrt: Metro-North Railroad von Grand Central Terminal.
Franklin D. Roosevelt Presidential Library and Museum, 4079 Albany Post Road, Hyde Park, Tel. 0845-4861142, www.fdrlibrary.marist.edu. Anfahrt: Metro-North Railroad von Grand Central Terminal nach Poughkeepsie, dann Gratisshuttle.
Eleanor Roosevelt National Historic Site, Route 96, Hyde Park, Tel. 0845-4861966, www.nps.gov/elro. Landhaus der First Lady. Anfahrt: Metro-North Railroad von Grand Central Terminal nach Poughkeepsie, dann Gratisshuttle.

Wilderstein Historic Site, 330 Morton Road, Rhinebeck, Tel. 0845-8764818, www.wilderstein.org. Viktorianisches Fantasiehaus von Franklin D. Roosevelts Cousine und Freundin. Schöne Aussicht auf den Hudson. Anfahrt: Amtrak von Pennsylvania Station nach Rhinecliff, dann Taxi.
Old Rhinebeck Aerodrome, Stone Church Road, Rhinebeck, Tel. 0845-7523200, www.oldrhinebeck.org. Freilichtmuseum mit Flugvorführung von frühen Ein- und Doppeldeckern. Mitte Mai bis Oktober geöffnet. Anfahrt: Amtrak von Pennsylvania Station nach Rhinecliff, dann Taxi.
Dutchess Wine Trail, www.dutchesswinetrails.com. Weinstraße zu den Clinton und Milbrook Vineyards.
Künstler William Ayton, www.ayton.net.

Übernachten

The Red Hook Country Inn*, 7460 South Broadway, Red Hook, Tel. 0845-7588445, Fax 0845-7582239, innkeeper@theredhookinn.com, www.theredhookinn.com.** Hübsches Bed & Breakfast mit fantastischem Restaurant. Viktorianischer Charme. Offene Kamine. Whirlpool im Garten. Vorzüglicher Service.
Troutbeck Inn***, 515 Leedsville Road, Amenia, Tel. 0845-3739681, Fax 0845-3737080, www.troutbeck.com.** Luxuriöses Resort in romantischem Setting. Barbra Streisand urlaubte hier.

Essen und Trinken

Culinary Institute of America, 1946 Campus Drive, Tel. 0845-4529600, www.ciachef.edu. Amerikas bedeutendste Kochschule. Fünf Spitzenrestaurants am Campus mit Blick auf den Hudson. Reservierung erforderlich.

Weitere Informationen: www.dutchesstourism.com

St. Tropez am Atlantik
The Hamptons: Beach Fun de Luxe

Im Sommer staut es sich in den exklusiven Badeorten auf Long Island. Steven Spielberg, Paul McCartney und Gwyneth Paltrow kurven in ihrem Mercedes zu perlweißen Stränden und exklusiven Charity Events.

Im geschäftigen Treiben von New York vergessen Reisende oft, dass die natürliche Umwelt rund um die Metropole eigentlich aus mehreren Inseln besteht. Brooklyn und Queens liegen auf Long Island, der mit 37 Kilometer Durchmesser elftgrößten Insel in den Vereinigten Staaten, dichter bevölkert als Irland oder Jamaika. Die Nobelbadeorte South und East Hampton befinden sich am südlichen Ende von Long Island.

Von Ende Mai bis Anfang September zieht es Amerikas Schickeria zum Epizentrum des »de-luxe-Living« 100 Kilometer außerhalb von Manhattan. Steven Spielberg hat sich dort für 25 Millionen Dollar ein Anwesen gekauft, auf dem er eine alte Scheune in eine riesige Villa mit eigenem Filmstudio verwandelte. »Normalsterbliche« tun es den »rich and famous« gleich und mieten sich zu mehreren ein Strandhaus in umliegenden Orten wie Hampton Bays, Westhampton und Quogue. Leute mit viel Kleingeld in der Hosentasche reisen im Helikopter oder Schnellboot an. Die Eisenbahnlinie »Long Island Railroady« flitzt von der Pennsylvania Station bis nach Montauk hinaus. Auf der Route 27 kann es an Sommerwochenenden öfter zum Stau kommen.

Doch die Sonnenanbeter werden belohnt: Kilometerweit erstrecken sich die perlweißen Strände auf der Südseite von Long Island. Auf Gibson Beach in Sagaponack spielen Teenager in Hermès-Bikinis Beachvolleyball. Am Two Mile Hollow Beach in East Hampton geht das Vergnügen auch noch nach Sonnenuntergang weiter.

Am Strand entlang ranken sich moderne Villen aus Glas und Holz, deren Bewohner die ungetrübte Sicht auf den Atlantik genießen. Dieser Blick hat auch viele Künstler inspiriert. In ihrem Atelier in East Hampton schufen Jackson Pollock (1912–1956) und seine Frau Lee Krasner (1908–1984) Meisterwerke des abstrakten Expressionismus. Von Mai bis September können Besucher nach Voranmeldung ihr ehemaliges Wohn- und Arbeitshaus besuchen. Willem de Kooning (1904–1997) tat es ihnen 1967

1 Golfen wird in den Hamptons großgeschrieben. Auch Tiger Woods hat hier ein Haus. **2** Auf dem Bauernmarkt steht das frischeste Obst und Gemüse zur Auswahl. **3** Long Island ist die Kornkammer New Yorks. **4** Endlos zieht sich der Strand bei Quogue Village dahin.

1 Beim Sommerurlaub in Montauk darf das Shoppen nicht vergessen werden. **2** Beim Volleyballmatch in Quogue erholen sich viele gestresste Banker aus der City. **3** Auf einem Segelboot lässt sich das Meer noch besser genießen. **4** Die Hamptonites radeln gern durch die Gegend. Wenn ihr Rolls Royce gerade gewaschen wird. **5** Freie Sicht bis nach Europa: vom Leuchtturm im Montauk Point State Park.

gleich und zog nie wieder nach New York zurück. Seine Tochter Lisa führt sein Erbe fort und stellt in der Tripoli Gallery in Southampton aus.

East Hampton war die erste englische Siedlung im späteren Bundesstaat New York. Die Rotröcke kamen schon im Jahr 1639 hierher. Im pittoresken Dorfkern finden sich neben Elie-Tahari- und Tory-Burch-Boutiquen auch architektonische Zeugen aus der Kolonialzeit und frühen Republik. Die Hook Windmill auf der North Main Street stammt aus dem Jahr 1806 und ist eine der ältesten noch erhaltenen auf Long Island. Das Mulford Farmhouse und sein Bauernhof wurden im Jahr 1680 errichtet und seit 1750 nicht mehr verändert. Beide geben Einblick in eine Zeit, als die Nachfahren der ersten Siedler hier das Land bestellten. Das einfache Farmhouse aus Holz ist mit Schindeln bedeckt. Diesen Stil imitieren viele Wohnhäuser in der Umgebung, auch wenn sie erst in den letzten zehn Jahren gebaut worden sind. Renée Zellweger besitzt ein solches mit »nur« vier Schlafzimmern in East Hampton. Im August des Jahres 2009 eröffnete sie auch ihre eigene Taco Bar »Blue Parrot«. Hier trifft man den Hollywood-Star im Sommer Margarita schlürfend auf einem Barhocker an. In der schindelbedeckten Bar »Stephen Talkhouse« im benach-barten Amagansett greift Billy Joels talentierte Tochter

Alexa öfter zum Mikrofon. Fährt man die Route 27 nach Osten, kommt man bei den Dünen von Napeague an einem einfachen Fischrestaurant vorbei, auf dessen Dach ein riesengroßes Schild mit der Aufschrift »Lunch« prangt. Das Lokal serviert saftige Lobster Rolls, für die Hummer fein gehackt und mit Mayonnaise und anderen Gewürzen vermischt werden. Die Landstraße führt weiter nach Montauk, dem östlichsten Punkt auf Long Island. Hätte man die Augen von Superman, könnte man hier bis nach Europa schauen. Montauk unterscheidet sich deutlich von den Nobelorten South und East Hampton. Hier fahren Fischer frühmorgens auf ihren Booten aufs weite Meer und nicht jeder Bewohner besitzt einen Mercedes. George Washington ließ hier 1796 den ersten Leuchtturm im Bundesstaat New York bauen. Er ist heute der Viertälteste in den Vereinigten Staaten, der noch in Betrieb ist. Erhaben steht er auf einem Hügel. Erinnerungen an den Roman »Moby Dick« kommen da auf. Und tatsächlich beherbergt die Galerie im Leuchtturm auch eine Ausstellung über den Walfang im 19. Jahrhundert. Montauk trumpft mit fünf »State Parks« auf, in denen Besucher wandern, Golf spielen, Rad fahren und im Meer schwimmen können. Nur bis nach Europa sollten sie es nicht versuchen.

Zeit für the Hamptons

Sehen und Erleben

Pollock-Krasner House & Study Center, 830 Springs-Fireplace Road, East Hampton, Tel. 0631-3244929, www.naples.cc.sunysb.edu/CAS/pkhouse.nsf. Das Atelier der zwei Legenden des abstrakten Expressionismus ist donnerstags, freitags und samstags von Mai bis Oktober geöffnet. **Montauk Point Lighthouse, 2000 Montauk Highway, Montauk, Tel. 0631-6682546, www.montauklighthouse.com.** Weiter östlich geht es nicht mehr. Der Leuchtturm blickt in Richtung Europa.

Übernachten

Surf Lodge*, 183 Edgemere St., Montauk, Tel. 0631-6681562, Fax 0631-2385717, info@thesurflodge.com, www.thesurflodge.com.** Neu eröffnetes, cooles Hotel mit Surfmotiven. Zimmer klein, aber mit Tempurpedic-Matratzen ausgestattet. Shuttle-Service zum Strand. **Montauk Beachcomber Resort***, 727 Old Montauk Highway, Montauk, Tel. 0631-6682894, Fax 0631-6683154, beachcomber@duneresorts.com, www.duneresorts.com.** Motel mit 88 Zimmern und Suiten. Meeresblick vom höher am Hang gelegenen Haus. Tennisplatz. Swimmingpool. Sauna.

Essen und Trinken

Lobster Roll (Lunch), 1980 Montauk Highway, Amangansett, Tel. 0631-3693039. Hummer-Sandwiches direkt am Strand. **Blue Parrot Restaurant, 33 Main St., East Hampton, Tel. 0631-3292583.** Renée Zellwegers Tex-Mex-Lokal.

Ausgehen

The Stephen Talkhouse, 161 Main St., Amagansett, Tel. 0631-2673117. Hier tritt Billy Joels Tochter Alexa auf.

Strände

Gibson Beach, Sagaponack
Two Mile Hollow Beach, East Hampton
Mecox Beach, Bridgehampton
Ocean Road Beach, Bridgehampton
Für die meisten Strände ist ein Parkschein erforderlich.

State Parks in Montauk

Hither Hills State Park, Shadmoor State Park, Montauk Downs State Park, Amsterdam Beach State Park

Anfahrt

Mit dem Auto: Long Island Expressway I495 bis Exit 70, Route 111 South, links auf Route 27 East (Montauk oder Sunrise Highway). Mit dem Zug: Long Island Railroad von Pennsylvania Station, www.mta.nyc.ny.us. Mit dem Bus: Hampton Jitney von mehreren Stationen in New York, www.hamptonjitney.com; Hampton Luxury Liner, www.hamptonluxuryliner.com.

Zu Gast in New York

Wer wird vor so einer Kulisse im Central Park nicht langsamer rudern?

Praktische Reiseinformationen

Tourismusvertretungen

Viele Informationen auf Deutsch auf der Internetseite des New York City Visitors and Convention Bureau: www.nycgo.com/de.

Einreiseformalitäten

Seit dem 1. Januar 2009 müssen sich deutsche, österreichische oder Schweizer Staatsbürger auf der Internetseite der amerikanischen Einreisebehörde registrieren (https://esta.cbp.dhs.gov/esta/), um visumfrei einreisen zu können (Visa Waiver Program). Und das bis zu 72 Stunden vor ihrem Abflug. Ihr Aufenthalt darf nicht länger als 90 Tage dauern und nur touristischen oder geschäftlichen Zwecken dienen. Diese Registrierung löst die Papierformulare ab, die bis dahin im Flugzeug ausgegeben wurden. Dabei sollten sie nicht vergessen, sich die Antragsnummer zu notieren, falls Sie sie später vorweisen müssen. Noch besser ist es, das gesamte Formular mit den eingegebenen Daten auszudrucken. Danach muss man die Antwort vom Ministerium abwarten. Ist die Einreisegenehmigung einmal erteilt, bleibt sie zwei Jahre lang gültig, es sei denn Ihr Pass verliert vorher seine Gültigkeit. Von Drittanbietern, die die Registrierung gegen Gebühr durchführen, wird abgeraten. Sollten die Formalitäten von einem Reisebüro durchgeführt werden, empfiehlt es sich, die gemachten Angaben ausdrucken zu lassen und zu unterschreiben, damit man sichergeht, dass alle Angaben korrekt sind. Außerdem ist ein gültiger Reisepass zur Einreise nötig, der auch biometrische Daten wie ein digitales Foto enthält. Kinder benötigen ebenfalls einen Pass.

Sicherheit

Von den 261 Städten mit einer Bevölkerung von mehr als 100 000 Einwohnern liegt New York in Sachen Verbrechen an beachtlicher 246. Stelle. Die durch Film und Fernsehen geprägten Vorstellungen von New York als Hort der Gewalt bewahrheiten sich nicht. Die Stadtverwaltung hat seit den 70er-Jahren auch genug dazu beigetragen, New York durch die Sanierung des Finanzwesens und die Entwicklung neuer wirtschaftlicher Impulse auf Vordermann zu bringen. Reisende können sich auch spätabends in den meisten Gegenden sicher fühlen. Durch den Central Park oder durch schlecht beleuchtete Gassen sollten Sie dennoch nicht schlendern.

Anreise

Der Großraum New York wird von drei Flughäfen bedient: John F. Kennedy International (JFK) und La Guardia Airport (LGA) im Stadtteil Queens sowie Newark International Airport (EWR) im Bundesstaat New Jersey. Die bequemste Art in die Stadt zu kommen ist per Taxi. Dabei sollten Reisende jedoch darauf achten, dass sie nur eines von den offiziellen gelben Taxis nehmen. Der Einheitspreis beläuft sich auf etwa 50 Dollar. In der Ankunftshalle lauern unregistrierte Taxifahrer auf unwissende Neuankömmlinge und verlangen dann einen astronomischen Preis für eine Fahrt in die Stadt. Wer Geld sparen will, kann auch einen Expressbus nehmen. Busse des Unternehmens »New York Airport Service« (www.nyairportservice.com) fahren von JFK und La Guardia von 6 bis 23 Uhr im Halbstundentakt die Bahnhöfe Grand Central Terminal und Pennsylvania Station sowie den Busbahnhof Port Authority an. Online gibt es manchmal spezielle Rabatte für mehrere Personen. Von Newark fährt der »Newark Liberty Airport Express« zum Grand Central Terminal, zum Port Authority und zum Bryant Park – Fifth Avenue (www.coachusa.com/olympia/ ss.newarkairport.asp). Wer wenig Gepäck hat, kann auch die U-Bahn und den Zug in die Stadt nehmen. Das ist die billigste Methode. Vom John F. Kennedy International Airport nehmen Sie für einige Dollar den AirTrain, der Sie zur U-Bahn-Linie A (Howard Beach) oder E, J, Z (Jamaica Station) fährt. Mit der U-Bahn erreicht man Manhattan in circa einer Stunde. Achtung bei der Rückfahrt auf der U-Bahn-Linie A: Reisende müssen wieder einen Zug nach Howard Beach nehmen (nicht in die Bahn einsteigen, die mit Ozone Park/Lefferts Boulevard beschriftet ist). Nach La Guardia fährt keine U-Bahn. Newark Airport ist ebenfalls an den AirTrain angebunden. Dieser fährt zur Newark Liberty Airport Rail Link Station. Von dort gehen Amtrak-Züge für ungefähr 30 Dollar zur New York Penn Station in Manhattan.

Unterwegs in der Stadt

Obwohl die New Yorker U-Bahn zu Beginn ein wenig verwirrend scheint, ist das System doch recht einfach zu navigieren und sehr sicher. Ist man einmal in »underground«, sollte man immer schauen, ob Züge in Richtung »uptown« oder »downtown« fahren. Außerdem ist zu beachten, ob Züge »express« oder »local« geführt werden. »Express«-Bahnen halten nur an den im Plan mit weißen Kreisen eingezeichneten Stationen, »local«-Züge an jeder Station. Manche Züge werden innerhalb von Manhattan »express« geführt, verkehren in Brooklyn, Queens oder der Bronx jedoch »local«. Metrocards können an den Verkaufsschaltern in den U Bahn Stationen für eine oder mehrere Fahrten gekauft werden. Kauft man eine Karte für 8 Dollar und mehr, erhält man einen 15-prozentigen Bonus. Hat man weniger als die benötigte Anzahl von Dollars für eine Fahrt zur Verfügung, kann man Kredit auf die Metrocard aufbuchen. Wenn man weiß, dass man die U-Bahn an einem Tag mehrmals benutzt, zahlt sich der Kauf einer Metrocard für unbegrenzte Benutzung aus (1-day Fun Pass). Außerdem stehen Wochen-, 14-Tages- und Monatskarten für unbegrenzte Benutzung zur Verfügung (7-Day Unlimited Ride, 14-Day Unlimited Ride, 30-Day Unlimited Ride).

Telefonieren in und nach New York

Die von Europa gewählte Vorwahl in die Vereinigten Staaten ist 001. Manhattan hat die Vorwahl 212 oder 646. Brooklyn, Bronx, Queens und Staten Island haben die Vorwahl 718 und 347. Die Vorwahl für Mobiltelefone in New York ist 917. Ruft man von Europa nach New York an, so wählt man die Landesvorwahl (001) und die Stadtvorwahl. Ruft man innerhalb New Yorks oder von anderen Gebieten der Vereinigten Staaten an, so wählt man 1 und dann die Vorwahl.

Geführte Touren durch New York

Bustouren durch New York sind sehr populär: »City Sights NY« (www.citysightsny.com) veranstaltet Besichtigungen im Doppeldecker, im Hubschrauber und mit privaten Guides. Außerdem betreibt es die »Circle Line«, Ausflugs-

---

1 Trotz gewaltigen Autoverkehrs strampeln New Yorker gern zur Arbeit. **2** Auf langen U-Bahn-Fahrten greifen New Yorker gern zu Buch und Zeitung. **3** Nach der Arbeit setzen sich die Bewohner der Stadt oftmals zur Happy Hour zusammen. **4** Eine architektonische Meisterleistung – der Apple Store auf der 57th Street.

schiffe, von denen man die Skyline vom Wasser aus bewundern kann. Im Sommer besonders empfehlenswert! Eine witzige Art und Weise, die Stadt vom Wasser aus zu sehen, ist per »Duck Tour« (www.coachusa.com/nycducks). Mit einem für Straße und Wasser tauglichen Fahrzeug geht es von Midtown bis zum Hudson-Fluss, wo man in einem Multimediabewegungs-simulator eine Zeitreise ins 17. Jahrhundert antritt und Henry Hudson bei seiner Entdeckungsfahrt begleitet. Dann zieht das Gefährt die Räder ein und gleitet ins kühle Nass. Besucher können auch ein Kombiticket für die Doppeldecker der »Gray Line« erwerben (www.newyorksightseeing.com). Wer gern zu Fuß unterwegs ist, sollte sich einer »guided walking tour« anschließen.

So lernt man am besten die einzelnen Stadtviertel kennen. Die »Foods of New York Tours« (www.foodsofny.com) verbinden Besichtigungen von historisch wichtigen Straßen mit kulinarischen Genüssen. Das »Lower East Side History Project« (www.leshp.org) führt Spaziergänger durch eine Gegend, die Anfang des 20. Jahrhunderts als eine der am dichtest besiedelten bekannt war. »Big Onion« (www.bigonion.com) zeigt Besuchern historische Sehenswürdigkeiten und veranstaltet zum Beispiel auch Gay & Lesbian Tours. Mit den »New York Chocolate Tours« (www.sweetwalks.com) kosten sich Besucher durch Schokoladenläden auf der Upper East Side, in SoHo und am Union Square.

New York mit Kindern

Kinder in der Metropole – kein Problem! Die Kleinen können in New York auf eine wahre Entdeckungsreise gehen: Central Park mit seinen wunderschönen Spielplätzen, Wiesen und dem Zoo, das Museum of Natural History und das Rose Planetarium, diverse Broadwayshows, die auch für Kinder geeignet sind, sowie – für die ganz Kleinen – das »Children's Museum of Manhattan« (www.cmom.org) in der 83. Straße auf der Upper West Side und das »Brooklyn Children's Museum« (www.brooklynkids.com) in der Brooklyn Avenue. Jugendliche sind wahrscheinlich aus den drei »Apple Stores« nicht mehr wegzukriegen. Ein Glaskubus mit unterirdischem Geschäft befindet sich Ecke Fifth Avenue und 53. Straße, ein weiterer in SoHo in der Prince Street 103 sowie einer auf der Upper West Side Ecke Broadway und 67. Straße. Hinter dem erstgenannten Apple-Geschäft befindet sich auch das legendäre Spielzeuggeschäft FAO Schwartz.

New York Dos and Don'ts

- Scheuen Sie sich nicht, New Yorker nach dem Weg zu fragen. Die Bewohner der Stadt geben gern Auskunft oder lassen sich zu einem Tratsch anregen.
- Nehmen Sie die U-Bahn. Sie ist viel besser als ihr Ruf. Wenn Sie die U-Bahn jedoch am Wochenende benutzen, schauen Sie immer den Fahr- und Zeitplan an. Manche Züge verkehren unregelmäßig.
- Kaufen Sie die Metrocard für die U-Bahn nicht am Verkaufsschalter, sondern an einem der Automaten. Das geht schneller. Sie können die Sprache einstellen.
- Nehmen Sie auch den Bus. Sie lernen dadurch die Straßen von New York besser kennen.
- Für Männer: Ziehen Sie keine Sandalen mit Socken an. Das wird in den USA als Fashion-Fauxpas gewertet. Außerdem ist es im Central Park nicht erlaubt, in der Unterhose ein Sonnenbad zu nehmen.
- Gehen Sie nicht langsam und gemächlich über die Brooklyn Bridge. Hinter Ihnen drängen sich schon New Yorker, die auf die andere Seite gelangen wollen. Wenn Sie Ihres Lebens sicher sein wollen, betreten Sie keinen Radweg.
- Rauchen Sie nicht, wenn Sie durch eine Menschenmenge gehen. New Yorker werden sehr zornig, wenn Asche auf sie fällt.

Medizinische Notversorgung

New Yorks Krankenhäuser sind hervorragend, jedoch sehr teuer, da es in den Vereinigten Staaten keine nationale Krankenversicherung gibt. Deshalb empfiehlt sich der Abschluss einer privaten Auslandsreise-Krankenversicherung, da die nationale Krankenkasse in deutschsprachigen Gebieten nicht für Rücktransporte aufkommt. Verschreibungspflichtige Medikamente sollten im Gepäck nur in der Originalverpackung mitgeführt werden. Der landesweite Notruf für Polizei, Feuerwehr und Krankenwagen ist 911.
Krankenhäuser in New York:
Lenox Hill Hospital, 100 E. 77th St., www.lenoxhillhospital.org, U-Bahn: 77th Street (6).
New York Prebyterian Hospital/Columbia University Medical Center, 630 W. 168th St., Weill Cornell Medical Center, 525 E. 68th St., www.nyp.org, U-Bahn: 168th Street (A, C, 1) bzw. 68th Street Hunter College (6).
St. Vincents Hospital, 170 W. 12th St., www.svcmc.org, U-Bahn: Christopher Street/Sheridan Square (1), 14th Street (1).

Steuern und Trinkgelder

In den USA gibt es keine nationale Mehrwertsteuer. Dafür erhebt der Bundesstaat und die Stadt New York eine 8,87-prozentige Umsatzsteuer (»sales tax«) auf Einkäufe sowie Hotel- und Restaurantpreise auf. Das Trinkgeld in den USA beläuft sich auf etwa 15 Prozent. Viele Amerikaner schlagen einfach das Doppelte der Umsatzsteuer auf. Reisenden aus deutschsprachigen Ländern mag das viel vorkommen, ist jedoch Usus, da die Bedienungen daraus einen Teil ihres Einkommens beziehen. Für Taxifahrer und Garderobenpersonal empfiehlt sich ebenfalls ein Trinkgeld von 1 bis 2 Dollar.

Stadtkalender

- **31. Dezember / 1. Januar:** Eine der größten Partys der Welt steigt in der Silvesternacht am Times Square. Eine Million Besucher bewundert den Fall des Kristallballs und tanzt dann auf New York berühmtesten Platz, während Mariah Carey ins Mikrofon trällert.
- **14. Februar:** Valentinstag. Der Tag der Liebe wird in Amerika wie ein Nationalfeiertag zelebriert. Zwar ist er nicht arbeitsfrei, doch am Abend verausgaben sich die Bewohner der Stadt: dekorierte Restaurant, heiße Tanzpartys, Korkenknallen bis zum Umfallen und viele Verlobungsringe.
- **17. März:** St. Patrick's Day Parade. Nach Dublin die zweitgrößte auf der Welt. Grüne Trolle mit roten Spitzbärten hüpfen dann über die Fifth Avenue.
- **2. Sonntag im Juni:** Puerto Rican Day Parade: Salsa, Merengue und jede Menge Spanglish auf der Fifth Avenue. Manchmal ziehen auch Jennifer Lopez und Marc Anthony mit.
- **Ende Juni:** NYC Pride (www.nycpride.org). Eine ganze Woche im Zeichen des Regenbogens. Die LGBTQ-Parade geht von der Fifth Avenue/52. Straße bis zur Christopher Street, der schwulen Hauptstraße der Stadt.
- **4. Juli:** Riesiges Feuerwerk über Manhattan zum Tag der amerikanischen Unabhängigkeit.

- **Zweiter Montag im Oktober:** Columbus Day Parade in Erinnerung an die Entdeckung Amerikas. Die Parade beginnt Ecke Fifth Avenue und 44. Straße und geht dann nach Norden bis zur 79. Straße. Besonders populär unter Italoamerikanern. Romeo und Julia und Maseratis dürfen dabei natürlich nicht fehlen.
- **Vierter Donnerstag im November:** Macy's Thanksgiving Day Parade. Zum traditionellen Erntedankfest. Gigantische Snoopy- und Shrek-Ballons und Santa Claus in einem riesigen Festwagen ziehen vom Columbus Circle zum Kaufhaus Macy's Ecke 34. Straße und Fifth Avenue.

Veranstaltungsinformationen

Die Wochenmagazine »Time Out« und »New York Magazine« bieten ein detailliertes Informationsprogramm für alle Veranstaltungen, von Konzerten über Theater bis Kino und Gay & Lesbian. Infos auch unter http://newyork.timeout.com/ und http://nymag.com/. Informationen finden sich ebenso in der Tageszeitung »New York Times«. Sie ist jedoch unübersichtlicher als in den beiden Magazinen.

Preiswertes Fast Food

Wer preiswert und schnell essen, aber nicht zu McDonald's gehen will, sollte einen Abstecher zu den Läden der mexikanischen Bio-Food-Kette »Chipotle« machen. Die steht zwar auch im Besitz von McDonald's, serviert aber Burritos mit Rosmarin-Schweinfleisch, Reis, Käse, schwarzen oder roten Bohnen und Guacamole.

Preiswertes Diskontshoppen

Designerklamotten und -accessoires:
- **Century 21:** 22 Cortland St. (zwischen Church Street und Broadway), U-Bahn: Rector Street (1), Fulton Street/Broadway-Nassau (J, M, Z, 3, 4, 5, A, C). Donna Karan, Ralph Lauren, Tommy-Hilfiger-Ware zu besten Preisen. Nur durchwühlen muss man sich.
- **SYMS:** 400 Park Ave., U-Bahn: Lexington Avenue/Third Avenue (E, F); 42 Trinity Place, U-Bahn: South Ferry (1). Besonders in Sachen Herrenmode gut sortiert.
- **Daffy's:** 50 Broadway, U-Bahn: Wall Street (4, 5); 462 Broadway, U-Bahn: Canal Street (N, Q, R, W); 115 Fifth Ave./19th Street, U-Bahn: Union Square/14th Street (L, N, Q, R, W); 1311 Broadway/34th Street, U-Bahn: 34th Street/Herald Square (B, D, F, N, Q, R, V, W); 335 Madison Ave./44th Street, U-Bahn: Grand Central/42nd Street (4, 5, 6, S); 125 E. 57th St./Park Avenue, U-Bahn: 59th Street/Lexington Avenue (4, 5,6); 1775 Broadway/57th Street, U-Bahn: 59th Street/Columbus Circle (1, A, B, C, D).
- **T.J. Maxx:** 808 Columbus Ave./100th Street, U-Bahn: 103rd Street (B, C).
- **Filene's Basement:** 2222 Broadway, U-Bahn: 79th Street (1); 620 Avenue of the Americas (Sixth Avenue), U-Bahn: 14th Street (F, V); 4 Union Square South, U-Bahn: 14th Street/Union Square (4, 5, 6).
- **Burlington Coat Factory:** 707 Avenue of the Americas (Sixth Avenue), U-Bahn: 23rd Street (F, V). Auf Mäntel spezialisiert.

Gestyltes Geschirr und Küchengeräte:
- **Bed, Bath & Beyond:** 620 Avenue of the Americas (Sixth Avenue), U-Bahn: 14th Street (F, V); 410 E. 61st St., U-Bahn: 59th Street (6).
- **Pottery Barn:** 127 E. 59th St./Lexington Avenue, U-Bahn: 59th Street (6).
- **Williams & Sonoma:** 121 E. 59th St./Lexington Avenue, U-Bahn: 59th Street (6).

1 Polizisten bei der St. Patrick's Day Parade. **2** Modeberatung sogar gratis! **3** Das Plaza Hotel am Central Park ist auch Heim der Wiener Nobelkonditorei Demel's. **4** Discotanzen wurde in New York erfunden.

Hotels

Die Internetseite der Epoque und Avantgarde Hotels bietet immer wieder Rabatte auf Hotelpreise. In New York vertreten sie das Night, Stay, Time, Dream und Kimberly Hotel (www.epoque-hotels.com, www.avantgardehotels.com). Die Internetseite der Design Hotels vertritt das ultrahippe Crosby Hotel (www.designhotels.com).

Bed & Breakfast

Über diese Internetseite kann man auch relativ günstige Zimmer in Manhattan finden. Einfach nur Manhattan oder New York als Location eingeben. Scheuen Sie sich auch auf keinen Fall vor Harlem oder Brooklyn! www.bedandbreakfast.com und www.bbonline.com

Nachtklubs

- Pacha: 618 W. 46th St., www.pachanyc.com, Ibizas bester Nachtklub ist nach Buenos Aires auch in New York gelandet.
- The Hose: 225 Ave. B/13th Street. Klassischer Gay-Hangout, Gogo-Tänzer, Kristallüster und anrüchige Bilder.
- S.O.B's: 204 Varick St./Houston Street, www.sobs.com. Im Sounds of Brazil tanzt eine fröhliche Menge jeden Abend zu Musik aus aller Welt.
- LQ: 511 Lexington Ave., www.lqny.com. Restaurant, Lounge und Nightclub mit lateinamerikanischer Musik.
- Arena: 135 W. 41st St., www.arenanyc.com. Riesiger Nachtklub, auf Raumschiff gestylt.
- B. B. Kings Blues Club: 237 W. 42nd St., www.bbkingblues.com. Die Blues-Legende eröffnete ein Restaurant und einen Klub in New York, aus dem jede Nacht heiße Rhythmen klingen.

Keine Angst!
Die New Yorker U-Bahn: schnell ans Ziel

Die »Subway« befördert pro Jahr bis zu 1,45 Milliarden Passagie-re. Es gibt keine schnellere Art, sich in der Stadt fortzubewegen.
Die New Yorker U-Bahn ist ein Unikat: Sie befördert pro Jahr mehr Passagiere als alle anderen U-Bahn-Systeme der Vereinigten Staaten zusammen. Mit einem Rekordwert von 1,45 Milliarden Fahrgästen liegt sie nach Tokio, Seoul und Moskau in Sachen Gesamtpassagierzahl an vierter Stelle. Besucher der Stadt soll-ten sich nicht scheuen, in die U-Bahn einzusteigen. Sie ist durchweg sicher.
Die »Subway«, wie sie die New Yorker nennen, verkehrt 24 Stunden am Tag, 365 Tage im Jahr. Sie wurde im Jahr 1904 in Betrieb genommen und zählt zu den am weitest verzweigten Systemen auf der Welt. Die Länge ihres Schienennetzes beträgt 368 Kilometer.
Eine grüne Lampe neben einer Treppe zur U-Bahn bedeutet, dass der Eingang 24 Stunden geöffnet ist, eine rote Lampe, dass er nur zu

bestimmten Zeiten benutzt werden kann. Die schnellste und ein-fachste Art, zu einem Fahrschein zu kommen, ist, eine metrocard an einem der Automaten zu kaufen. Wer sich am Schalter anstellt, wird normalerweise länger brauchen. Metrocards gibt es für eine oder für mehrere Fahrten. Wenn man weiß, dass man die U-Bahn an einem Tag mehrmals benutzt, zahlt sich der Kauf einer metrocard für unbegrenzte Benutzung aus (1-day Fun Pass). Außerdem stehen Wochen-, 14-Tages- und Monatskarten für unbegrenzte Benutzung zur Verfügung (7-Day Unlimited Ride, 14-Day Unlimited Ride, 30-Day Unlimited Ride). Fährt man spätabends, sollte man in der »Off-hour waiting area« stehen, die sich oft im Zwischengeschoss in der Nähe des besetzten Schalters befindet. Abends fahren auch viele Kurzzüge. Daher empfiehlt es sich, in der Mitte des Bahnsteigs zu warten, beim Schild »During off-hours, train stops here«. Aus Sicherheitsgründen sollte man während der Fahrt Taschen vor dem Körper halten.
Innerhalb von Manhattan verlaufen die meisten Linien entlang der großen Avenuen. »Uptown«-Züge gehen nach Norden, »down-town«-Züge nach Süden. Unter der 14. und der 42. Straße verlaufen noch die L- und die S-Linien »crosstown«, also nach Osten und nach Westen.
Mit der »Subway« zu fahren, ist ein Erlebnis. In den verschiedenen

Stationen der 42. Straße spielen abwechselnd 100 verschiedene Musikgruppen, die sich eigens dafür qualifizieren mussten. Manche davon sind so gut, dass sie glatt am Broadway auftreten könnten. Die Geschichte der Subway dokumentiert auch ein eigenes Museum in einer aufgelassenen Station in Brooklyn Heights aus dem Jahr 1936: MTA New York Transit Museum, Boerum Place/Schermerhorn Street, www.mta.info/mta/museum. U-Bahn: Borough Hall (2, 3, 4), Court Street (M, R), Hoyt-Schermerhorn (A, C, G), Jay Street/Borough Hall (A, C, F).

1 Im New York Transit Museum erfährt man Wissenswertes aus der Geschichte des öffentlichen Verkehrs. **2** Bluesige Töne erklingen auf der 34th Street. Die Ebony Hillbillies traten sogar schon in der Carnegie Hall auf. **3** Mosaik in der Christopher-Street-Subway-Station. **4** Dieses Mosaik auf der Fulton Street wurde von der Schifffahrt inspiriert. **5** Die Subway fährt in Queens auch über der Erde. **6** Die Franklin Avenue Station in Brooklyn.

Die New Yorker U-Bahn 185

»Dining al fresco« nennen die Amerikaner es, wenn sie bei Schönwetter im Straßengarten eines Restaurants sitzen können. Bei »Agozar« auf der Bowery schmeckt der Mojito besonders gut.

Blick vom Empire State Building nach Uptown und auf den Hudson River.

Register

Auch der Freiheitsstatue wird ihre Fackel manchmal zu schwer.

230 Fifth 12ff. 17

Abingdon Guest House 63, 66f.
Abyssinian Baptist Church 144, 147
Allen, Woody 10, 25, 132
American Museum of Natural History 137, 140f., 181
Apollo Theater 147
Austrian Cultural Forum 16, 95, 100
Avery Fisher Hall 138f., 141

Back Room 54f.
Barney's 91, 133
Battery Park 21, 25, 30
Belvedere Castle 118
Bemelmans Bar 132
Bergdorf Goodman 89ff., 93
Best Western Bowery Hanbee Hotel 49
Bethesda Terrace 117, 119
Birdland 107, 109
Bloomberg, Michael 163
Bloomingdale's 89ff., 93
Blue Moon Hotel 53, 55
Boardwalk 161f.
Bowery Hotel 60f.
Bowling Green Park 28
Brandy Library 35, 37

Brighton Beach 163
Broadway 14, 28, 30, 33, 53, 57, 67, 71, 73, 89, 103f., 106f., 137, 139, 162, 185
Broken Kilometer 45
Brooklyn 8, 10, 13, 25, 49, 151, 155, 161, 165, 167, 170, 175, 180, 183
Brooklyn Botanic Garden 157ff.
Brooklyn Bridge 8, 21, 24f., 151ff., 155f., 181
Brooklyn Children's Museum 158f., 181
Brooklyn Heights 151f., 185
Brooklyn Museum of Art 156f., 159
Brooklyn Public Library 156, 158f.
Brownstone 63, 152, 155
Bryant Park Hotel 92f.

Canal Street 33, 47, 48f.
Carlyle Hotel 132, 135
Cast Iron Buildings 39
Castle Clinton 22, 30
Central Park 16f., 29, 91, 93, 96, 115f., 118f., 123, 131f., 137, 140, 179, 180f.
Central Park Zoo 119, 181
Chelsea 81f., 169
Chelsea Art Museum 83, 85
Chelsea Hotel 81, 83
Children's Museum of Manhattan 181
Chinatown 47f.
Christopher Street 64, 66f.
Chrysler Building 9, 13, 15
Clinton, Bill 143f.
Columbus Circle 16f., 89, 116, 139
Coney Island 161ff.
Coney Island Side Show 163
Cooper Square Hotel 60f.
Cooper-Hewitt Design Museum 128
Cosmopolitan Hotel 37
Cotton Club 143, 144, 145, 147
Culinary Institute of America 172f.

Dakota Building 137
De Niro, Robert 33, 36f., 166
Delancey Street 51
Dia Art Foundation 82
Diamond Row 95

Donald Judd Foundation 45
Donna Karan 64
Dream Hotel 108f.
Dumbo 151ff.
Dylan Prime 33, 35, 37
Dylan, Bob 63, 82

East Hampton 175ff.
East Harlem 131
East Village 57ff., 61
Eldridge Street Synagogue 52f., 55
Eleven Madison Park 73
Ellis Island 21ff., 30
Empire Hotel 141
Empire State Building 9f., 13ff., 17, 64, 189
Essex Street Market 55
Eurostars Wall St. 31

Fashion Week 92f.
Fifth Avenue 6, 14, 48, 73f., 81, 92, 95f., 98, 101, 116f., 119, 123, 126, 131, 143, 159, 180f.
Financial District 29f.
Fire Island 10
Flatiron Building 69, 71, 73, 75
Flatiron District 73f.
Four Seasons 100f.
Franklin D. Roosevelt Presidential Library and Museum 173
Freedom Tower 9
Freiheitsstatue 7, 11, 21, 22f., 30, 152
Frick Collection 127, 129
Frühstück bei Tiffany 97

Gansevoort Street 79
General Electric Building 13
Giuliani, Rudy 105
Gramercy Park 71f.
Grand Central Terminal 111, 113, 169, 173, 180
Greenmarket 71, 75
Greenwich Hotel 33, 35f.
Greenwich Village 7, 63, 66
Ground-Zero 7, 9, 11, 27
Guggenheim Museum 44, 125, 127, 129

Hafen 21, 25, 27, 30
Hamptons 10, 161, 175
Harlem 143ff., 183
High Line Park 78f.

190 Register

Hogs & Heifers 77, 79
Holiday, Billie 145
Hotel Gansevoort 78f.
Hotel Gild Hall 29ff.
Hotel Le Bleu 158f.
Hotel on Rivington 51, 54f.
Hotel Savoy Plaza 126
Hotel Stay 108f.
Hudson River 21, 33, 78, 81, 115, 138, 140, 173, 181, 189
Hudson River Café 145, 147
Hudson River School 169
Hudson Valley 149, 169f., 170, 172
Hyde Park 170f., 173

Intrepid Sea-Air-Space Museum 107, 109
Irving Place 71f.

Jewish Museum 129
John Lennon Memorial 115
Judson Memorial Church 65, 67
Jumeirah Essex House Hotel 100, 118, 119

Katz's Delicatessen 51ff., 55
Kennedy Onassis, Jacqueline 111, 113, 118, 132, 173
Kennedy, John. F. jr. 34, 37, 107, 132
Kingston 170

Lennon, John 137
Lenox Lounge 144
Lincoln Center 137ff.
Lipstick Building 15
Little Italy 47
Long Island 10, 49, 175ff.
Long Island City 167
Louis Armstrong House Museum 167
Lower Broadway 39f.
Lower East Side 8, 51ff., 55
Lower Manhattan 22, 53

Macy's 7, 89ff., 93
Madison Square 71, 74f.
Madison Square Park 73
Madonna 97
Magnolia Bakery 67
Mandarin Oriental Hotel 17, 139, 141
Mansfield Hotel 101

Marcel Hotel 73ff.
Maritime Hotel 16, 77, 79
Marmara Hotel 134f.
Meatpacking District 77ff.
Mercer Hotel 43ff.
Merchant's House Museum 60f.
Met Life Tower 73
Metrocard 181, 184
Metropolitan Museum of Art 17, 121, 123ff., 129, 131, 134, 156f.
Metropolitan Opera 138f.
Midtown 9, 14, 17, 48, 87, 95, 103, 181
Momofuku Ko 59
Momofuku Noodle Bar 58, 61
Monroe, Marilyn 97, 101, 132, 152
Montauk 176f.
Mount Morris Park 146
Museum Mile 123, 126ff.
Museum of American Finance 28, 31
Museum of Jewish Heritage 29ff.
Museum of Modern Art 99ff.
Museum of Sex 71, 75
Museum of the City of New York 129
Museum of the Moving Image 8, 166f.

National Museum of the American Indian 30f.
Neue Galerie 127ff.
New Museum 55
New York Aquarium 162f.
New York City Opera 139
New York City Police Museum 29
New York Life Building 14
New York Public Library 95, 101
New York Times Building 104
New York Transit Museum 185
New York University 65
New Yorker Börse 31
Night Hotel 108f.
Nine-Eleven 27
Nobu 33, 37
Noguchi Garden Museum 166f.

Olmsted, Frederick Law 115, 155
Ono, Yoko 137

P.S. 1 8, 167
Park Avenue 16, 71, 74
Park Slope 155, 159

Parker Meridien Hotel 16
Parker, Sarah Jessica 63
Pegu Club 43, 45
Plaza Hotel 91, 116
Pod Hotel 101
Polar Bear Swimming 163
Prada, Miuccia 44
Prohibition 55
Prospect Park 154, 157, 159

Queens 8, 10, 13, 49, 151, 165ff., 175, 180, 185
Queensborough Bridge 165
Quogue Village 175f.

Radio City Music Hall 95
Rent (Musical) 57
Rhinebeck 170ff.
Rhinecliff 170, 173
Ripley's Believe It or Not Odditorium 107, 109
Ritz Carlton Battery Park Hotel 22, 24
Ritz Carlton Hotel 119
Rivera, Diego 99
Roberts, Julia 77
Rockefeller Center 14, 17, 91, 93, 95, 97f., 101
Roebling, John-August 24
Roof Garden Café 17
Roosevelt Island 165, 167
Roosevelt, Franklin Delano 113, 170ff.
Rose Center for Earth and Space 140f., 181
Rubin Museum of Art 75

Saks Fifth Avenue 89ff.
Scorsese, Martin 10
Seagram Building 14f., 100
Shoreham Hotel 101
Simon & Garfunkel 165
Sinatra, Frank 49, 137
Sixth Avenue 36, 66f.
Skyscraper Museum 29, 31
SoHo 39, 41ff., 45, 181
Soho Grand Hotel 44
Sohotel 45
South Hampton 175, 177
South Street Seaport 15, 24, 30f.
Spielberg, Steven 175
St. Mark's Church in the Bowery 63

St. Mark's Hotel 61
St. Patrick's Day Parade 103
Standard Hotel 78f.
Staten Island Ferry 21, 24f.
Stonewall Memorial 67
Strawberry Fields 119, 137
Studio Museum in Harlem 146f.
Stuyvesant, Pieter 57, 61
Subway 184f.

Takashimaya 92f.
Tenement Museum 51, 55
Thanksgiving 89, 144
The Inn at Irving Place 71, 75
The Jane 67
Tiffany's 96, 101
Time Hotel 108f.
Time Warner Center 9, 17, 139, 141
Times Square 6, 10, 53, 103ff., 108f., 182
Top of the Rock 16f., 101, 116
Tribeca 33, 35, 36
Tribeca Grand Hotel 36f.
Tribute WTC Visitor Center 31
Trinity Church 29
Twin Towers 17, 25, 29

U-Bahn 10
Union Square 71ff., 181
UNO 167
Upper East Side 90, 92f., 131f., 134, 157, 181
Upper West Side 89, 137, 139, 181

Waldorf Astoria 87, 113
Wall Street 11, 27f., 63, 152
Wall Street Inn 29, 31
Warhol, Andy 41, 169, 173
Washington Square 63, 67
Washington Square Hotel 67
Washington, George 27, 30, 65, 107, 177
West Chelsea 9, 83
West Village 63f., 66
Whitney Museum of American Art 79, 134f.
Williamsburg 152
Wirtshaus Blaue Gans 33f., 37
Wollman Rink 116, 119
Woolworth Building 14f.
Wright, Frank Lloyd 125, 129

Register 191

Impressum

Die Autorin:
Karin Hanta reist ihrer Zunge nach. Die gelernte Dolmetscherin spricht fünf Sprachen und hält sich nur in Gebieten auf, in denen sie sich mit den Einwohnern gut unterhalten kann. Von ihrem Heimatstandort in Neuengland bereist die Journalistin Nord- und Südamerika Großbritannien – sowie deutsch- und französischsprachige Länder.
Ihre Eindrücke veröffentlicht sie in Zeitschriften wie »Abenteuer und Reisen« und dem österreichischen »Diners Club Magazin« sowie auf Englisch für »Fodor's« und »Rough Guide«. Im Bruckmann Verlag erschien von Ihr bereits »Zeit für London«.

Der Fotograf:
Christian Heeb, 1962 geboren, ist einer der erfolgreichsten Reisefotografen weltweit. Seine Fotos und Bildreportagen erscheinen in Magazinen wie »Abenteuer & Reisen«, »Animan« und »Grands Reportages«.
Er ist Bildautor von über 100 Büchern und unzähligen Kalendern. Christian Heeb lebt auf einer Ranch in Bend, Oregon (USA).
Er wird in Deutschland durch die Agentur laif in Köln vertreten.
Seine Bilder werden international publiziert und ausgestellt.
Mehr unter: www.heebphoto.com
Im Bruckmann Verlag erschienen vom ihm bereits die Bände »Zeit für Südafrika«, »Zeit für London«, »Zeit für Safari« und »Zeit für Marokko«.

Einbandfotos:
Vorderseite: Silvia Finzi Fashion Design, Harlem, Times Square, Doorman bei »Barneys« (kleine Bilder v.l.n.r.); die Dachbar von »230 Fifth« (großes Bild).
Rückseite: Central Park, Kurt Gutenbrunn in der »Blauen Gans«, die Freiheitsstatue

Bildnachweis:
Emilie Baltz, New York:
Seite 17 M.r.;
Alle anderen Abbildungen stammen von Christian Heeb

Alle Angaben dieses Bandes wurden von der Autorin sorgfältig recherchiert und vom Verlag auf Stimmigkeit und Aktualität geprüft. Allerdings kann keine Haftung für die Richtigkeit der Informationen übernommen werden.
Für Hinweise und Anregungen sind wir dankbar.

Zuschriften an den:
Bruckmann Verlag,
Produktmanagement,
Postfach 400209,
D-80702 München
E-Mail: lektorat@bruckmann.de

Produktmanagement:
Joachim Hellmuth, Susanne Kuhl
Textlektorat: Kristin Bamberg
Umschlaggestaltung und grafisches Layout:
Studio Schübel, München
Graphische Gestaltung:
Werner Poll
Kartografie: Astrid Fischer-Leitl
Herstellung: Bettina Schippel
Repro: Repro Ludwig, Zell am See
Printed in Italy by Printer Trento

Die Deutsche Nationalbibliothek verzeichnet diese Publikation in der deutschen Nationalbibliografie; detaillierte bibliografische Daten sind im Internet über http://dnb-nb.de abrufbar.

© 2010 Bruckmann Verlag GmbH, München
Alle Rechte vorbehalten
ISBN 978-3-7654-4875-1

Unser komplettes Programm:
www.bruckmann.de

Hotelempfehlungen für New York

1. Gild Hall ★★★★
2. Wall Street Inn ★★★★
3. Eurostars Wall St. ★★★
4. Greenwich Hotel ★★★★★
5. Tribeca Grand Hotel ★★★★
6. Cosmpolitan Hotel ★★★
7. Mercer Hotel ★★★★
8. 60 Thompson ★★★★
9. Sohotel ★★★
10. Best Western Bowery Hanbee Hotel ★★★
11. Hotel on Rivington ★★★★
12. Blue Moon Hotel ★★★★
13. Bowery Hotel ★★★★
14. The Cooper Square Hotel ★★★★
15. St. Mark's Hotel ★★
16. Abingdon Guest House ★★
17. Washington Square Hotel ★★★★
18. The Jane ★
19. Marcel Hotel ★★★★
20. Inn at Irving Place ★★★★
21. Maritime Hotel ★★★
22. Hotel Gansevoort ★★★★
23. The Standard ★★★★
24. Chelsea Hotel ★★
25. Chelsea Savoy Hotel ★★★
26. GEM Hotel Chelsea ★★★
27. Bryant Park Hotel ★★★★
28. Four Seasons Hotel ★★★★★
29. Shoreham Hotel ★★★★
30. Mansfield Hotel ★★★★
31. Pod Hotel ★★★
32. Time ★★★★
33. Dream Hotel ★★★★
34. Night Hotel ★★★★
35. Stay Hotel ★★★★
36. Jumeirah Essex House ★★★★★
37. Ritz Carlton Hotel ★★★★★
38. Carlyle Hotel ★★★★★
39. The Marmara Manhattan ★★★★
40. Franklin Hotel ★★★
41. Mandarin Oriental ★★★★★
42. Empire Hotel ★★★★
43. Efuru Guest House ★★
44. Le Jolie ★★★
45. Le Bleu ★★★
46. The Red Hook Country Inn ★★★
47. Troutbeck Inn ★★★★★
48. Surf Lodge ★★★
49. Montauk Beachcomber Resort ★★★